将心理学、教育学与中华优秀传统文化结合
开展家庭教育实践与指导
演绎教育与生命觉醒的故事

孩子是我的镜子

从锅台到舞台

刘朝霞 著

苏州大学出版社
Soochow University Press

图书在版编目(CIP)数据

孩子是我的镜子/刘朝霞著. --苏州：苏州大学出版社，2023.12
(从锅台到舞台)
ISBN 978-7-5672-4565-5

Ⅰ.①孩… Ⅱ.①刘… Ⅲ.①家庭教育 Ⅳ.①G78

中国国家版本馆 CIP 数据核字(2023)第 200393 号

Haizi Shi Wode Jingzi
书　　名：孩子是我的镜子

著　　者：刘朝霞
责任编辑：朱坤泉
助理编辑：周　麒

出版发行：苏州大学出版社(Soochow University Press)
地　　址：苏州市十梓街 1 号　邮编：215006
印　　装：苏州市深广印刷有限公司
网　　址：http://www.sudapress.com
邮　　箱：sdcbs@suda.edu.cn
邮购热线：0512-67480030
销售热线：0512-67481020

开　　本：700 mm×1 000 mm　1/16　印张：19.25　字数：239 千
版　　次：2023 年 12 月第 1 版
印　　次：2023 年 12 月第 1 次印刷
书　　号：ISBN 978-7-5672-4565-5
定　　价：68.00 元

序 一

妻是我的舞台

贾玉文，国家二级心理咨询师

妻让我给写一段荐语，我一时思绪联翩，太多话想说却又不知从何说起……

念转心承，看着“从锅台到舞台”这套书的丛书名，突然觉察到，我的人生之路，妻不正是我的舞台吗?

回顾我的一路成长，从一名乡村教师蹒跚走来，站在了全国家庭教育和心理行业的舞台，每一次彷徨与跨越都像雾像雨又像风。

妻总说我是个幸运的人，也的确在每次人生的十字路口都有贵人相助。今天才蓦然发觉，妻是我一生的贵人，我是站在妻的舞台，一步一步地成就自我，实现着我的抱负与理想。

至今都无法忘记，我们结婚的第一年，生活的拮据迫使我们硬生生吃了一年的土豆，儿子出生后更是连奶粉都买不起。就在那一年，南京举办全国家庭教育指导师认证培训，作为一名每月拿几百元工资的老师，4 800 元的学费只能让我望洋兴叹！一天放学回家，突然发现结婚置办的唯一值钱的红木沙发不见了，后来得知妻把沙发卖给了家具店，用来支持我去南京学习，这让我瞬间就“破防”了！妻用无声的方式撑起了我的梦想舞台，助推我的自我实现。现在看来，妻当年的举措是相当有远见的。

从在当地小有名气，到后来逐渐外出讲学，我在付出中成长，妻在舍弃中升华。我离家外出逐梦未来，对父母双亲有所亏欠，妻又一次挑起“儿子”的责任，嘘寒问暖，在老人住院期间不离不弃。结婚前，母亲曾对妻这个儿媳颇有微词，而在她弥留之际，最让我感动的就是妻不计前嫌的孝与责。我辞职后到北京工作的这些年，父亲每次住院，妻总是第一时间出现，用无声的方式撑起了孝敬父母的舞台，才有我在全国各地讲学的精彩。

最好的修行不在深山，恰在闹市。让我非常敬佩的是，妻从一个生意人、一个家庭主妇、一个普通妈妈，执着于自己的人生理想，没有被职业、身份、学历、时间等限制，顽强地向上，自我实现、自我超越，活出了一片属于自己的生命天空。这套书，如同把我们带入那片浩瀚生命天空，与生命共振、与妈妈这个身份共振、与小孩内在共振，身临其境又望洋兴叹。这是一套从生活折射育儿、从育儿回归真爱的心灵之作，细细品读可让更多的女性从社会角色中回归妈妈，回归生命，回归真爱，回到那个大圆满！

我们要赶路，更要感受路；人生需要爱，更要感受爱。妻是我的舞台，我是妻的路，此生夫妻同修是一种缘，更是一份福。惜福才能有福，惜福方能享福。既然有这份缘，那就好好珍惜，好好感受，彼此成就，携手走向“惟谦受福”。

每个人都需要一个舞台，每个人又都是别人的舞台。我们既是自己的导演，又是自己的观众，每个人的人生剧本，都是自编、自导、自演的结果。这套书，如同舞台之上的一面镜子，照见你、照见我，也照见我们内在的那个自己……

愿这套书的读者都能从中照见自己，找寻到自己，认识自己，爱上自己！

人生需要舞台，又不需要舞台，因为最好的舞台就是你自己。当我们穿越物质到达精神世界，穿越痛苦遇见爱，你就成了最美的人生舞台，成了舞台上最美的自己！

每个人都是最美的舞台，下一个舞台就是你，你说呢？

序 二

我的母亲

贾成坤

母亲的童年是在滁州西边的一个小村庄里度过的，那里依山傍水，山清水秀。村民的日子过得虽然贫苦，但却安乐。父亲和母亲是在同一个村子长大的。听父亲说，母亲青年时便颇有才气，上初中时就是乡广播站的小小通讯员，经常给乡广播站提供通讯稿。她学习也很努力，但外公外婆觉得女孩子认识几个字就好了。母亲不得不早早地去学习面对生活。心中再多的诗意只能诉说给那不会说话的庄稼，曾经写得好文稿的双手也逐渐布满了茧子，童年的经历，以及我出生后外婆的离世，让母亲变得沉默、坚毅……

从我记事起，母亲就是一个十分倔强的人，她不认输，也不会服输。正是这份倔强让她在自己的生意领域有了一定的成绩，但对于我来说，母亲和父亲的形象在这时却错位了。父亲因是教育工作者，在教育我时往往温柔讲理；母亲对我往往强硬地施加她的意志，而我又恰恰遗传了母亲的倔强。这也导致了我在家很少与父亲争执，但和母亲却三天一小吵，七天一大吵。这一时期母亲忙于生意，父亲也尚在家中，有父亲当调和剂，我这当儿子的虽然有时不听话，但依然健康成长，学习成绩也是名列年级前茅。

家中的变化发生在我上初二那年，父亲为了改善家里的生活，决定外出打拼，一年的大部分时间他都是不在家的。那时候母亲尚未学习改变，不懂教育为何，也不知如何教育。父亲在生活中的缺失，让我的性格越发孤僻，回家后往往不愿意和母亲沟通。现在看来，那时候和母亲之间那种亲人之间最纯的亲情，我已经体会不到了。回到家中，我感受不到爱，得不到家给我的支持。但我知道母亲是爱我的，虽然爱的方式不对。这种孤僻感带来的压抑，让我变得冷漠、叛逆，我妄图用一切最能体现个性的方式去吸引别人的注意力，对一切权威都妄想挑战。那段时间是我和母亲互相伤害的时间，也是母亲蜕变最快的时间。说来惭愧，母亲在面对疲劳、生意上的失利、身体上的痛苦时，从来没有流过眼泪，但我说的气话却往往将母亲气到发抖，眼泪直流。因为爱，所以更容易被伤害。那时的我是矛盾的，我不知为何反叛，看到母亲伤心我也会难过，但我开不了口，我说不出“我错了，我爱你”这最简单也是最有效的六个字，直到我和母亲共同成长许多年后，才能随意地向对方表达。

高中阶段是我和母亲冲突最多的阶段，这段日子里母亲每天都在学习进步，她从不吝啬她的爱和包容。这一时期，她的教育方法已经从求外到了求内，她已然是一位智慧的母亲，照顾好我的同时也在帮助其他家庭。但我依然叛逆，亲人间的这种“亲”受到的伤害，需要日复一日的修复。而母亲做的，就是让我感受到爱，感受家的幸福，让我重新拾起和母亲之间的“亲”。这种改变是直观的，当我中考考上我们当地最好的高中后，在和市里成绩最好的孩子竞争中，学习成绩排名上的骤降，沉重打击了我的自信心。这种学业上的不得志和我的不倾诉，最终导致了我的叛逆、和老师及其他长辈的对抗。感恩我的母亲那时候没有像其他家长一样打击指责孩子，她的包容、支持和无私的爱，让我在这低谷里得以喘息。我想，学习从来就不是轻松的，是需要消耗能量的，如果孩子一直压抑自己，那么往往会走向抑郁、叛逆，这正是那时候的我。

幸运的是，我的母亲是一位愿意学习的母亲。随着母亲的改变，她那无私的爱，那从未停止过的爱，如甘霖般不断洒在我心中这片干枯的世界。她是无私的，她付出的每一份爱，求的从来不是我的成绩，而是我的幸福。夜以继日，面对我的指责抱怨，她的回应是爱；面对我的低分自卑，她的回应也是爱。她从来没告诉我要去怎么做，但每当我回头，她总是在那。

孩子其实很多时候并非不知事理，知而不行，是能量的匮乏。母亲的支持，在我心中种下了一颗种子，我虽然没有刻意改变，但改变却一直发生着。以前不愿意看的书似乎越看越有意思，面对考试我也不再想着逃避而是想挑战自己，甚至以前连老师布置的作业都要抄袭的我，也愿意认真完成并且自己找课外练习去弥补自己的不足。就这样，那个高一分班时文理班老师都不想要的学生，在高考时考了全班前五。如果没有母亲的陪伴和爱，我不知会成为一个怎样的人。如果没有这份爱的滋养，我甚至可能成为一个不会爱的人，而一个不会爱的人，又怎么会有幸福的人生呢？

所以，当母亲有一天突然问我："儿，妈妈想把我们的经历写出来，去帮助更多迷茫的母亲，行吗?"我没有任何犹豫！曾经的母亲，就是现在焦虑中的母亲们；曾经的我，就是现在迷茫中的孩子们。我记得那时我的压抑痛苦，也记得母亲的心酸不易！所以，希望助天下家庭幸福。这段回忆，是母亲视角下儿子和母亲的成长故事，希望能帮助每一个阅读这套书的家庭，寻找属于自己的幸福！

序 三

谱写家庭教育新篇章

宋 露 江苏海融教育管理科技有限公司董事长

家庭教育是整个教育体系中不可分割的部分，它关系到中华民族整体素质的提高和少年儿童的健康成长。家庭教育是一切教育的起点、根本和基石，对于培养孩子的道德品质、情感态度、生活习惯、社会能力等方面有着重要的影响。

家庭教育是人生的第一个课堂，父母是孩子的第一任老师。江苏海融教育管理科技有限公司作为从事0～6岁幼儿托育和教育的专业机构，多年来，一直在探索将家庭教育纳入儿童早期教育体系，将家庭教育和儿童教育同步前延，从“零”开始，父母和儿童共同成长，相互促进。

2018年开始，我们下属各园所，就陆续成立家长学校，通过开展家庭教育课程、活动、讲座等，向家长传授科学的教育理念和方法，帮助家长提高家庭教育能力和水平。同时，通过建立家长委员会等机制，促进家校沟通和合作，协调解决家庭教育中遇到的问题和困难。

但是，在实践中，我们也发现教育机构开展家庭教育工作面临很多困难。我们开展的一些家庭教育培训，受限于老师们的认知和经验，并不一定能获得家长们发自内心的共鸣，并且形式相对传统单一，变化创新少，效果难以持续。同时，不同的家长有不同的家庭教育需求和期望，教育机构可能难以满足所有家长的需求。对于一些特殊需求的家长，教育机构不一定有足够的资源和专业的支持来满足他们的需求。另外，家庭教育需要家长、学校、社区等多方合作，但在实际操作过程中，教育机构牵头进行协调可能会面临时间、人员、责任等诸多困难。

一个偶然的机会，通过民间妈妈团队苏州牵手万家·父母学堂创始人唐娇的引荐，我们有幸结识了专业家庭指导师刘朝霞老师，拜读了刘老师的书稿，既让我们产生了发自内心的感动共鸣，也顿感耳目一新、醍醐灌顶。我们认识到，如果我们能请刘老师给我们的老师、家长做一些培训，可能是改善家庭教育工作的新方法、新引擎。果然，刘老师的讲课深受欢迎，她来源于现实又理性升华的一个个故事，激发了家长们学习、参与家庭教育的兴趣，也提高了老师们对家庭教育的认识和传播水平。以此为契机，形成了家校互动、共同推进家庭教育的良好氛围，工作局面焕然一新。

刘老师的文章，这次集册出版，我们为她高兴，更为家庭教育事业因此迎来的机遇而欣喜。愿我们和刘老师的相互赋能久久为功，家庭教育事业蒸蒸日上！

前言

孩子无论以什么样的身份，什么样的面貌、状态，来到爸爸妈妈身边，都是一种恩典，是带着爱而来的。

也许你不是娇艳欲滴的玫瑰，不是高大挺拔的楠木，只是一株普普通通的狗尾草。但是你的生命本身就具备价值，生命来自血脉的代代相传，是馈赠、是恩典、是幸福，感恩孩子……

谢谢每一个孩子来到爸爸妈妈身边，给我们的生活增添一道绿色的风景，注入勃勃生机与希望，注入温暖与温柔的爱。

一直以为，是家长在教育孩子。最终发现，是孩子一次次通过“问题”来折射家长的问题，让父母不得不开始重新审视教育，审视自己。

蓦然回首，原来教育不是一个父母所期待的结果，而是生命陪伴生命的点点滴滴，是父母用生命影响孩子生命的过程，是父母点亮自己，照亮孩子的前程。

重新审视教育，原来父母的教育不仅仅是用嘴巴说教，更多的是用行动呈现幸福的榜样，言传身教，最好的教育是父母活成孩子眼中的最美风景。

在陪伴孩子的道路上，我哭过、迷茫过、呐喊过、绝望过……

在没有孩子之前，我也是一个孩子，没有人告诉我如何做妈妈。

庆幸的是，我一直碰壁，一直找寻，一直坚持！

在全职陪伴孩子的四年半中，我自修成为心理咨询师、高级家庭教育指导师，并把孩子和我共同的经历用文字记录下来。同时，我也将自己的成长成果，分享在社区父母学校，分享在网络媒体，让更多的妈妈觉醒，帮助更多的家庭幸福。

我坚持践行着陶行知先生说的“生活即教育”，记录了约四十六万字的亲子互动点滴过程，以及二十万字的自我生活践行成长手记。

通过记录自己和孩子成长的点点滴滴，我发现教育不是一个结果，而是吃喝拉撒睡的琐碎，锅碗瓢盆的交响曲和学校学习穿插的过程。

谁拥有了过程的和谐，谁就拥有了结果。

生活中父母呈现在孩子眼中的样子，其实就是对孩子潜移默化的教育。

吃喝拉撒睡就是家庭教育，锅碗瓢盆交响曲敲响的是一个孩子对家的认知、感受。

家，是一个孩子的依恋感、归属感、安全感、幸福感；家，是一个孩子的学习动力；家，是一个孩子远行的底气，也是孩子成年后的故乡。

父母、孩子生活的点点滴滴，正在演绎着家庭教育的真相。和孩子一起经历，才是最深情的告白、最深层的教育。

不知不觉，我和儿子的“事故”，变成了故事，成就了母子温暖一场。我陪伴你长大，你陪伴我变老，是我们一起成长的浪漫经历！

也愿我和儿子的这份成长，能让正在迷茫的家庭少走弯路，祝福天下的父母和孩子相亲相爱，守护幸福。

目录

第 一 章
困惑的母爱

生活中没有不爱孩子的父母，只有不懂爱的父母，不会爱的父母。

《中国国民心理健康发展报告（2019—2020）》显示：2020 年，青少年抑郁检出率为 24.6%。心理问题成为越来越多人的健康隐患，而近年来，心理问题低龄化现象愈加突出。当下家庭呈现出来的社会问题，抑郁症低龄化，精神疾病频发，离婚率上升，青少年犯罪，等等，都跟家庭教育有很大的关系。

为了孩子，父母在困惑中学习成长，势在必行！

我的“锅台”生涯，从失业开始

孩子上初二时，我从生意人转型成为一名家庭主妇、陪读妈妈。那时，晚上和朋友聊天，朋友问我从事什么工作，我张口就答：“我没有工作！”答完后，我立刻感觉有点不对劲。在那一瞬间，我的脑袋开始“短路”，有点蒙，我在做什么工作？那一刻我感受到了自己的恐慌，感觉自己好像什么都没有做。

每天从早到晚，我没有闲暇偷懒的功夫。忙忙碌碌，接送孩子、买菜做饭、做家务等。时间是一个点卡着另一个点的，难道这不是在工作？自从搬了家，离学校比较远，需要开车接送孩子上下学，我只能放下自己的生意，成了专职陪读妈妈。一直以来，我都没有好好地思考过自己的生活，无意识地过着每一天。

当朋友问我的那一刻，我糊涂了。回过神来，我觉得应该整理一下自己的生活。思考一下为何想要逃离家庭、逃离家庭主妇这个“职业”！

每一次，我想以出去赚钱为借口，去找一份兼职的时候，其实是想逃离这种忙忙碌碌却不被看见的日子。但是回到现实，想到孩子的需要，我就退缩了，做出了无可奈何的选择。

我纳闷，以前孩子的吃喝拉撒睡，是我在做生意之余的兼职，那时候累并快乐着；现在从兼职到专职，从两个岗位转变到一个岗位，我却感觉累得想逃，为什么？为什么自己内心是如此的抗拒呢？我很好奇地想探索内在的心路。

曾经，在同行中，我的生意算是做得风生水起，小有成绩，并且能够兼顾到家庭。每天虽然很忙很累，但是也很充实。一边上班，一边顾家，非常开心。在外打理生意，回家承接家务，为什么没有累的感觉呢？而现在，只用于家务，我却有如此沉重的感受呢？忽然发现，原来我的世界安静了，属于我的舞台没有了。我的精彩成为过去，我的价值不见了。那个天天数着钱过日子的小老板，在行业内被大家认可的、一个有信誉度的生意人，变成了一个伸手向老公要钱过日子的家庭主妇。我从独立、强势的个体变成了弱势个体，内心很委屈。

在当下人们的眼光中，家庭主妇是非常轻松和快活的，老公养着，无忧无虑。谁又能够知道一个围着锅台转、没有人回应、无声的世界是什么样的呢？

一个自己无法做主的世界，没有人看见的世界，没有人回应的世界，没有人重视的世界，重要而被忽略的世界，是多么地让人迷茫与无奈！家庭主妇的世界是消耗金钱的世界，是靠供养的世界，是一条没有自我的迷途。我无法低下自己高昂的头，屈服在家庭的琐碎中，成为默默无闻的一个人，我的内心更是不接纳自己成为被老公养的角色、我的自尊心、我的自卑心，都促使我对抗。我更无法接受，别人知道我是家庭主妇后羡慕我享福的眼光。好郁闷啊！

在家的日子，并没有我想象的那么轻松、快活，反而感到缺乏价值感。对于一直做生意的我来说，价值标准就是能够赚到钱。所以，当没有收入来源的时候，我就感觉自己没有做事情，没有价值，内心总觉得工作和做家务不能相提并论。

工作是展现在公众平台、社会团体之中的，绽放着光芒，付出就有回报和认可！不仅仅有物质的回赠，更具有精神的滋养！

家庭主妇则是满足家庭成员的需要，被家庭成员的需求绑架，无法彰显自己，多数在付出中沉默。家里的事情既琐碎又宽泛，而且耗时间。在人们的认知里，家庭主妇大多没有工作能力，只能照顾家人的起居，是依附在别人的价值上生存的。在家的人，风不打头雨不打脸，是轻松、快活、享福的。曾经，我也是这么想别人的。现在，我终于明白，为什么很多的家庭主妇变成了怨妇。浑浑噩噩地坚持，跌跌撞撞地守候，无数次地想要逃离家庭，想要回到社会中寻找存在感、价值感。

次次被朋友介绍的工作诱惑，次次想要再出去创造价值，无数次地挣扎，却次次都无可奈何……儿子上学需要接送，无法忽略孩子的需求，我只能够被迫下岗，失业在家！

我成了家庭主妇，家庭主妇成了我的新功课。

看着身边的朋友，进入家庭，又走出家庭，我也迷茫。只是，心中有一个声音在告诉我："你若无法选择，就真情面对吧！也许老天想让你换种方式去发现生活的美。"

于是，在经历一段时间的迷茫后，我下定决心，并且跟爱人立下豪言：你在工作中精彩，我在家庭中升华！

我将被动化为主动，伴随着儿子成长的脚步，开启围着锅台转的生活。从当下的每件小事开始，用笔记录下我们一起经历的点点滴滴。

被桂圆核嘲笑的早晨

早上，我送孩子上学后回到家，坐在餐桌前吃早饭。看着面前散落的桂圆核，一时兴起，把它们一个个地排列，黑压压的一片，就像一只只排队的小蚂蚁，好可爱。

忽然，有一个核隔住了我的心，让胸口有点堵。那是爱人或是儿子没有吃干净、残留着一小块桂圆肉的核。看着那个核、那块果肉，我怎么看怎么不舒服！于是我问自己："你怎么了？"

这么多桂圆核，为什么我的专注力定在了它的上面，并且还和它杠上了，郁闷！思考一下，没有找到答案。于是，我把注意力放在了胸口堵的地方，开始分析自己的感觉，寻求答案……答案是，看不惯他们浪费的行为，他们应该把每一个桂圆都吃得干干净净。所以，我想指正他们，可是他们都不在家。我想说教，想讲道理，但找不到说教对象，所以就堵住了。

从小，父母就教导我勤俭节约，让我感觉浪费就有罪恶感。为了不浪费食物，我经常吃撑，却不知不觉伤了胃。宁伤自己，也不浪费，即使胃已经很难受了，我还会选择吃光。

我感受到在原生家庭中，父母对孩子的影响力，像是一只无形的手，可以搀扶我们前进，也可以成为束缚我们的精神枷锁。

吃撑了伤胃，不吃浪费，让我很纠结！在过去生活的惯性下，形成了习得性无助，我已经纠结了几十年，直到现在还会冒出来。

可见习得性无助真的难以纠正，我学习了很长时间才看见自己的不足，却仍然掌控不了我的情绪。今天，它又派桂圆核来检验我的践行功力，我果然又栽了进去。

带着心里的堵，看着这块小核肉，看着它，看着它，它仿佛在嘲笑我，我也不自觉地笑了！就这么大的一点肉，我的心眼就这么大？我竟然被它左右，悲哉！

原来挡住我们幸福的并不是什么大事情，就像一对师徒的对话一样。

禅师问："天空大吗？"弟子答："大。"

禅师问："树叶大吗？"弟子答："不大。"

禅师问："天空能挡住人的眼睛吗？"弟子答："不能。"

禅师问："树叶能挡住人的眼睛吗？"弟子答："能。"

禅师说，所以，挡住人们视线的、迷失人们心智的、阻碍人们前进的，往往是生活中的一小片"树叶"、一小点疙瘩、一小步坎坷。

看见了情绪，接纳了情绪，就是疗愈。慢慢地，我感觉心中的堵在散去。再看那个桂圆核，感觉它像一只蜗牛，慢吞吞地窝在那里，朝着我笑。它在嘲笑我忽略优点、放大缺点，负面思维的惯性又出来了，执着的老毛病又犯了。此刻，我无奈，被嘲笑得心碎，却也心服口服！

再看这一个个桂圆核，觉得每个都很可爱，那个带肉的核，昂立在中间，像只蜗牛，我把它命名为"蜗牛将军"，它在指挥着"蚂蚁族"。此刻，觉得真好玩。

坐在餐桌前，短短的一瞬间，看似风平浪静，我的心却在波澜壮阔的情绪大海里驾船，自编、自导、自演，品味了自嘲、自娱、自乐的航程！我不是圣人，愿意带着自己的问题上路，不断地跌入情绪的坑中，不断地爬出来，在现实生活实践中锻炼自己。

被桂圆核嘲笑的早晨，我正在醒来的路上。

青春期遇见更年期

刚刚从生意人转变成家庭主妇的那段时间，我的角色常常切换不过来。曾开玩笑地说，儿子和我是青春期遇见了更年期，是“小疯子”和“老疯子”一起演绎成长的故事。

事实上就是如此，原来的我在生意上能说了算，面对厂家、代理商、零售客户，我都能够从容面对，自信满满。自从当了家庭主妇，我开始委曲求全。每一天都在老板和家庭主妇两种角色中切换碰撞，感觉自己要疯了！

琢磨一下自己每一天扮演的角色，我是儿子24小时在岗的“保护神”，兼职扮演了采购员、保洁、厨师、保健师、老师、保育员、心理咨询师、司机、教练等职务，全职妈妈就是身兼数职的“变形金刚”。而做这些事情都是在无意识状态下，很多妈妈没有被事业压垮，却被琐碎击败。

爸爸游离在家庭之外，妈妈焦虑在家庭之内。大多数的家庭分工是，男人在外，利用事业、金钱、地位等呈现社会价值；女人守在家里，价值只体现在孩子的学习成绩上。孩子学习好，妈妈就有价值；孩子学习不好，妈妈的世界就坍塌了。评价妈妈带孩子的标准，就是孩子的学习成绩。有时候，爱人问一句“你在家都在干什么？一个孩子都带不好”，就磨灭了妈妈所有的心血。家庭生活的琐碎，耗尽女人的青春，殆尽了女人的美丽。孩子的叛逆，再次让妈妈们迷失在生活中，开始怀疑人生。

孩子学习不好，妈妈就会觉得是自己做错了事情，感觉自己没有用。孩子叛逆，爱人抱怨，守候在家的妈妈把自己活成了卑微的样子，让老公和孩子都看不见她的笑脸，已忘记她也曾经娇美过、年轻过。

有多少妈妈的从容淡定逐渐淹没在家庭的琐碎、孩子的叛逆中，成了“燥妈”“怨妈”“疯妈”！

妈妈能不能在琐碎的生活中，活出生命该有的状态？能否依然可以绽放自己的生命？

其实，妈妈累的并不是身体，而是心灵。重复琐碎的生活磨去了她们的光芒。明明自己很努力，却被自己否定、爱人否定、孩子否定，没有人发现妈妈存在的价值。

就像一棵树，人们多数去欣赏花、叶、杆、果，很少有人去讴歌泥土，而妈妈就是泥土，就是滋养根的养分。

妈妈在，家就在，妈妈是家的幸福。妈妈幸福，这个家庭就会幸福，很多人都看不清这一点。妈妈重要却不被重视，反而被忽略。以至于很多妈妈自我认同感很低，一边否定自己，一边却要教育孩子，但其实妈妈已经失去了引领孩子的能力。无论是强势或者是卑微，妈妈都已经丧失了妈妈的功能，失去了能带给孩子支持的爱。

当我完全回归家庭，放下过去的各种角色，专心做妈妈时，我不仅开始研究自己的内心世界，开始研究所有妈妈们的生活状态和心理，也开始更深地去了解孩子，真正走进生活，探索生命。

我发现自己是“小白”，家庭主妇给我打开了一扇门，让我发现新大陆。

我发现自己经常被儿子气得想要“吐血”，有一种无可奈何的感受。想打，打不过他了；想吵，也吵不过他了。被孩子挑战的感觉，内心有失落，也有些许骄傲自豪，好纠结。

孩子在青春期的初期，正在彰显自己的个性，证明自己长大，证明自己行，他要突破妈妈的掌控范围，做自己。

妈妈没有了安全感，于是更加地固执己见，想通过掌控孩子来获得内心的踏实感，不愿意承认、不敢承认、不敢松手，担心这个、害怕那个，不愿意相信孩子的长大。

我记得自己每一次都被孩子惹生气，却不能够把他怎么样，只能自己排解情绪。最常干的一件事，就是拿着扫把，一边扫地，一边气哼哼地自我安慰。比如：“老妈、老妈，对不起，刚刚有点冲撞你。对不起，请原谅，谢谢你，我爱你，刚刚跟你吵架是我的错！”一边扫，一边自言自语、自编自导。边扫地，边自我调侃。儿子从他的房间探出头，歪着脑袋，然后怪怪地走过来，取笑着说：“哎，还挺会自我疏导情绪！”

我气哼哼地说：“吵不过你，我自己导演戏剧安慰一下自己，难道不行？我不疏导自己，你来帮我疏导？还是想要我被你气死？”

他嬉皮笑脸，乐呵呵地回到自己的房间，我的气也消得差不多了。

用孩子的一句话，打不过就加入！加入孩子难，其实是妈妈从内心接纳孩子长大很难。

感谢自己成为家庭主妇。当我开始真正地走入家庭，我内心有太多的愧疚。这么多年来，我自认为通过打拼，给了孩子一个幸福的世界；蓦然回首才发现，我一直活在证明自己的世界，孩子被我挡在我的世界的外面。

我用自己的感受、认知、经历去看待现实世界的孩子，要求孩子适应我内心的世界，符合我的标准，指责孩子不适应我的世界，不符合我的标准。

面对孩子，我的爱是傲慢的，没有做到用心去感受、尊重和敬畏孩子的生命。我一直都是用我的需要抚养孩子、要求孩子，而不是根据孩子的成长规律、内心需求引领孩子。

父母是孩子的第一位老师，但我却陷在原生家庭带来的各种各样的坑中，没有好好帮助孩子构建生命人格的大厦。

以前我经常指责、抱怨孩子不听话，不能够按照我的意愿发展，不能够坚持，现在想想是多么地可笑。我活在匮乏中，反而指责孩子。我不相信孩子，我的心被担心控制，就会对孩子没有信任。我用自己内在的恐惧、不自信的感受控制孩子的行为。

以前我面对孩子，都是以自我为中心，给他我认为的好；并且用我认为的好，绑架孩子的行为。孩子服从就是好孩子，不服从就是叛逆。而这样，我自以为我是爱他的。

每一次早餐，都是我做了我认为好的，然后强迫他吃，并且冠冕堂皇地用爱绑架他，用对他好、有营养去要求他。他对抗，觉得不好吃，我就觉得委屈，就觉得他不够理解我的付出。自己辛辛苦苦做了营养又丰富的早饭，我是为了你好，你竟然觉得不好吃！说不好吃就是你不懂事，就是你不理解我，不心疼我，不孝顺我。

当我成长了，开始客观地看待早饭这件事的时候，我发现我一直站在自己的角度，没有站在孩子的角度，忽略孩子的感受和需要。孩子就在我眼前，我却只活在自己的内心世界。

当我开始考虑孩子的胃口需要，并且尝试改变跟他说话的方式时，他不仅愿意吃早餐，状态也慢慢地调整过来。我从中体会到，有时候，当妈妈什么都不说，只是做的时候，孩子就已经为自己负责任了。

早餐后，他会自己收拾书包准备上学，如果我正在扫地，他就会说：“你不送送我?”我有一种欢天喜地的幸福感，那是付出后收获幸福的感觉。

自从他上了初中，就是一个典型的青春期叛逆少年，敏感、易怒、自我。为了重新构建青春期和更年期的相处模式，每一天我都会走到门口，朝着正在穿鞋的他亲一口，摸一下他的后脑勺，等着他把鞋穿好，送他快乐地上学。自上初中起，我坚持每日在门口送他上学，并和他挥手拜拜，竟然已经形成了他的习惯与需求。

刚开始是我刻意地训练自己的行为。第一次，自己也觉得别扭，他也觉得假。没有想到的是，渐渐地养成了彼此爱的方式。

我正在努力演绎母爱的一份守候、一张笑脸、一份温暖、一份快乐、一份动力，带给孩子，带向学校。

原来，当更年期的“老疯子”变了，青春期的“小疯子”也会变。

妈妈带给孩子最好的礼物就是平静温柔的笑脸。于是，我每天提醒自己要微笑，觉察自己的情绪，关注自己的情绪。

我看到了一个不一样的孩子，一个真实的孩子。他可以在我身边笑、可以哭、可以怒、可以打闹、可以犯错、可以考差、可以有隐私、可以不完美。他不再需要掩藏自己最真实的部分。他以他的方式绽放出他的样子，而不是以我的方式、以我的需求，长成我内心想要的样子。

我唯一能做的就是守住自己的心，看管好自己情绪，给孩子一个情绪稳定的妈妈。

一个静静地守候、耐心陪伴的妈妈，以自己的成长来应变孩子的变化，努力朝着教育无痕的境界前进。

我认为我知道，其实我不知道

参加为期一周的低碳饮食文化学习，回到家后，我发现儿子的说话方式不对，行为也有欠缺。于是，冠冕堂皇地跟爱人说：“养不教，父之过！”

我心里对爱人有怨言，搞心理学、家庭教育的，不花时间、精力去引导自己的孩子，不顾自己的孩子，却在帮助别人的孩子。

通过学习，我知道自己对于教育的无知，什么都不懂，很多东西都教错了方向。过度期待学习结果，彰显学习成绩的重要性，把学习成绩和孩子的品德绑在一起，正在影响孩子的精神世界、人格世界。我发现自己过去做错了很多，需要调整、需要改正。

爱人说：“慢慢来，孩子大了，不能太急，欲速则不达。”我认为正是因为孩子大了，给我们的时间不多了，所以才需要抓紧，否则就错过了。过去因不懂教育，已经错过很多，孩子现在长大了，要赶紧，不然就来不及了。

从那一刻起，我每天盯着儿子的行为、纠正他的行为，教他这，教他那，弄得儿子有时候很烦，而我自己完全没有自知力、觉察力，依然我行我素。

儿子都上高中了，中午和晚上放学回家后，还拿起手机和同学聊会儿天，听听音乐。有时回家还会给我带来点小情绪，让我更加心神不宁，也更加确定是以前的教育方式错了，孩子才会变成这样。

进入高中的新学期，爸爸同意给儿子买部新手机，并且允许他每天放学回家用一会儿。他们父子俩商量后才告诉我结果，这让我内心不能接受。可恶的是，手机买回来后，爱人便回单位上班了，一个月才能回来一次，把执行的烂摊子扔给了我，让我欲哭无泪。

来硬的，亲子关系破裂，儿子也不一定放手；来软的，儿子根本没有时间跟你闲扯。他每天早晨很早出门，中午回来午餐、午休，晚上十点半才到家。我没机会和他探讨手机的问题。

我活在焦虑、忐忑不安的感受中，绞尽脑汁想办法，想给班主任打电话，想让班主任来管教儿子，又担心刚参加工作的年轻老师没经验，处理不好，影响儿子对老师的印象，破坏师生感情。看见儿子拿手机，我心里就像有根刺在扎，无数个坏的念头升起。

手机影响小孩学习，成绩下降啦！

手机诱惑小孩，偷偷摸摸不学好啦！

小孩打游戏影响休息啦！

小孩会不会谈恋爱啦？

小孩在干什么？

手机成了我的心病、心魔，我无法控制内心的怀疑，无数个猜测冒出来，不断加深我内在的担心和恐惧，仿佛儿子真的会变坏，真的被毁了。

我没有高中生活的经历，没有体验就没有话语权。于是，我给儿子学校的一位老师打电话求助，她是我们家亲戚，一个优秀的班主任。我告诉她孩子当下的情况，她极力反对孩子使用手机，让我一定不能给孩子手机。同时她说，她会帮我关注我家孩子，让我别担心。

聊了半天，我并没有得到想要的方法。她不建议高中生用手机，更加深了我对手机的恐惧，我觉得手机正在毁了孩子。不过，她有一句话让我开始反思，她说孩子需要连哄带骗，该面对时面对，不要害怕担心。

面对孩子拥有手机的现状，我忽然发现自己被恐惧绑架，我丧失了做妈妈的功能，也正在失去爱的能力。我努力让自己安静下来，反思、反问自己：我在焦虑什么？我在担心什么？我在害怕什么？我在怀疑什么？

最终的答案是，跟孩子无关，是我自己迷茫、迷失了，我不相信自己有能力引导上高中的儿子，我在担心、怀疑自己。所以，我把不自信投射到孩子身上，担心孩子的行为。

不自信的妈妈，一定会担心孩子，绑架孩子的行为。我反问自己，我的孩子变坏了吗？答案是，没有。又问，我为什么不敢给孩子犯错和失败的机会呢？答案是，我害怕孩子学习不好，自己没有办法面对所有人，害怕自己掉面子，也担心孩子以后不幸福，拖累我。

孩子用手机就会上不了大学，就会不幸福吗？答案是，不一定。

于是，我一边观察自己，一边带着理性去观察孩子使用手机的频率，以及他用手机在干什么。我不再用自己想象中的不好去绑架孩子。我发现他只是用手机听听歌，登 QQ 和同学聊聊天，看看新闻，并不打游戏。孩子基本比较自律，并没有我想象中的那么恐怖。

爱人说，儿子上高中需要培养自控力，否则等上大学再放手，孩子就不知道怎么生活，很多孩子毁在大学。虽然，我知道要让孩子逐渐独立，但是心里还是有些放不下。直到有一天，通过培养豆芽，我开始觉醒，并发现自己的不足。

朋友向我推荐陶罐培育豆芽的方法，培养出来的豆芽口感鲜美，跟买的完全不是一个味儿，我觉得非常好。于是带着开心、期待、希望，按照说明培育起豆芽来。

淋水、等待，第一天能量满满，自信满满！

淋水、等待，第二天感觉有点不耐烦，觉得还是买的省事。

淋水、等待，第三天想动手打开陶罐看看里面是什么情况。

……

慢慢地，我感受到了内心深处极度的不耐烦，时不时会冒出想要打开小罐的冲动，有一种想让它立刻长大、马上收获的想法。我的心，已经不甘于等待了。等待，让我开始烦躁、焦虑，觉得培育豆芽的时间太漫长。四五天的时间，我感觉仿佛是过了一个世纪。

太在意结果，就会过度关注；太想要收获那份美好，反而让我失去了那份平静。

每天都要换水，让我很不耐烦，心中就开始比较，买一把豆芽也就几块钱，自制豆芽太费事。

静静地看着自己的心魔上蹿下跳，想要蹦出来伸手去打开小罐子，拔苗助长。我静静地觉察自己，反思自己，在育儿的过程中，我是不是也是带着同样的心情面对孩子。

我的爱里装着担心、怀疑、掌控、绑架、不耐烦。其实，孩子就如同豆子，给它适合的水分、环境，它自然可以长大成为豆芽，我们只需要带着信任，静待花开。可是，我们有时却不甘于安静地等待，非要张牙舞爪地控制。

觉察到自己的不足，我的心有点纠结。原来，我一直用所谓的爱在折磨、破坏孩子的自然生长规律，我为自己过去的行为后悔。原来只要土壤合适、水分合适，豆芽自然会长出来，可是我们常常缺少一颗静待花开的心，没有耐心，想要代替豆芽生长，结果却亲手毁了豆芽。

很多父母成了“采花大盗”，用爱捆住了孩子。不会爱，爱就是一种伤害。

静候芽出，静待花开，孩子成长的过程中，不仅仅需要好的物质、环境，也需要父母有一颗甘于等待的心。

孩子就是种子，只要给他合适的环境，他就可以自然长成他原本的样子。他失败时，我陪他一起面对，没有失败的经历就不知道如何去珍惜，更不会有精彩的未来。他进步时，我就静静地感受他的那份快乐。我唯一要做的就是继续完善自己，努力学着和他平行。可以牵挂，却不再担心；可以牵挂，却不再阻碍，让他自然地呈现自己本该有的生命状态。

牵挂有度是一种关心，牵挂无度就是一种掌控。你越牵挂他，整颗心都关注在他身上，就越想管着他；越想管着他，他越反感，障碍就越多。想通了，忽然觉得自己的世界变了。

我一直认为自己已经知道学习的意义，却发现我根本是个糊涂的妈妈，只知其形，却不知其本质。父母学习的目的，不是用所学知识盯着孩子的行为挑毛病，检验孩子的行为，评价孩子的对错。学习不是为了改变孩子、招人厌恶、破坏关系，让孩子离我们越来越远。学习不是他人的需要，而是自己的需要，是为了让自己成为自己，让自己成为一道风景线，成为孩子的榜样。

一直以来，我认为我知道，其实只是认知上的知道，内心并不知道。当我用所谓的“知道”去指责、抱怨儿子的缺点时，我正在用我所学的知识去检验儿子这个“产品”合不合格，挑他的缺点，认定孩子是一个不好的孩子。

我亲手给孩子贴上“不好”的标签，切断我和他的关系，把“道”给断了。没有了“道”就没有了关系，就无法输送知识，也不可能有“知”。同时，每天看着他的缺点，也让自己担心、生气，却没有反省。

知道，是让自己成为，是为了修正自己的行为，让自己变得更好，影响他人，而不是挑出别人的错误与缺点，让自己生气。当我因为孩子的缺点生气时，我就是个不知道的人，是个糊涂虫妈妈！

情绪是把多刃剑，伤人伤己。对上抱怨父母，对下问责孩子，中间伤爱人，伤自己。我把自己捆绑在更年期的焦虑上，无法挣脱。

原来知道不仅仅是认知上的理解，还蕴含着很深的哲理，是让我们通过“道”来理解亲子关系的规律，努力修正自己，让自己成为一道美丽的风景线。

当我想你的时候

周五晚上，儿子在睡觉前跟我说："明天晚上，学校不上自习，我下午放学后到同学家吃饭。"

周六早晨起床，我就开始胡思乱想，怎么好好的要到同学家去吃饭？该不会有什么事瞒着我吧？他会到哪一个同学家吃饭呢？去干什么呢？是不是又和同学去研究球赛，猜球去了？

因为不确定他会干什么，所以猜测、怀疑、担心，无数个问号在脑海里冒出来。虽然通过学习，我知道我应该相信孩子，也想要相信孩子，但是就是心里慌，不踏实，不放心。

晚上，我还要去父母课堂，手机会调成静音状态，我担心他有事情找不到我。熬了半天，终于忍不住问儿子："下午是不是到同学家去猜球？"他回答："随便你怎么想！"我的心呀，堵得慌啊！

把他送去上学后，我的心纠结了，他没有带手机，没有骑车，没有带钥匙，他晚上会怎么安排？此刻我察觉到自己的内心正在忐忑……

当我想你的时候，我的心是纠结的！

当我想你的时候，我的心是怀疑的！

当我想你的时候，我的心是猜测的！

当我想你的时候，我的心是惶恐的！

当我想你的时候，我的心是不相信的！

当我想你的时候，我的心是不踏实的！

当我想你的时候，我想知道你在干什么。

我表面看起来是风平浪静的，其实内心已经是翻江倒海。我想知道，此刻我的内心为什么是如此的不安定。孩子真的让我不放心吗？

答案是：不！他的自立能力是可以的。

孩子的独立能力和自控能力都不用我担心。他自己还是能够守住底线的。他知道什么事情能做，什么事情不能做。

既然孩子没问题，那就不是孩子的事情。孩子没有问题，那我的问题是什么？回过头，去看看这份不安定的感受是什么？为什么会有担心、怀疑和不相信？

此刻，我看见的是，我的内心在不相信自己，觉得自己没有文化，我感觉到很自卑。

自己不断地在学习，也明白了文化和学历的区别。虽然知识储备量少，但是我可以成为一个有文化素养的人。不知道为什么，今天自己的那份不自信又冒了出来。觉得自己不够好，所以不相信自己有能力带好孩子，引导好孩子。

我觉得自己不够优秀，为了确保孩子能够成为优秀的人，我就想办法管控孩子的行为。

回归家庭后，当我的价值无法体现出来时，我内心是不相信我自己的。我担心没有教好孩子，无法面对爱人、面对家庭。我不愿意承担责任，承担失败的后果。尽管这个结果是子虚乌有的，我心里还是没有安全感。我还没有完全从职场角色中转变过来。所以，面对孩子要到同学家去这件事，我才会患得患失，忐忑不安。想要时时把控孩子，让他不要脱离我的视线，越出我的掌控范围。

想要掌控孩子的行为，原来是我内在的不安全感在控制我。看见自己的困惑，我立刻改写自己内在的程序，回过头来跟自己沟通，并告诉自己："你是一个出色的妈妈，相信自己，你正在努力，你已经很棒了，你现在正在绽放自己的生命，我们都喜欢你，你是被爱的，你是被祝福的，你是被信任的。做好自己，你可以有能力引领并影响你的孩子，加油！"

不断地重复。

慢慢地我感觉那一股拽着我、绑架我、让我忐忑不安的力量正在散去，我的心平静下来了。

原来是我的起心动念在掌控自己的行为，掌控我每一天的生活状态，每一个念头的升起，都会对应一种心理感受，并带来一系列的情绪反应，任由这种情绪操控我的身体、行为，形成了我和儿子的互动的行为模式，决定了我今天的喜怒哀乐。

心造千千结，长期无人解，终究成死结。

感谢自己能够看见自己随时在造结，并且能够慢慢地学习化解，不让它成为死结。学习不是为了改变他人和掌控他人，学习是为了能够随时随地地发现自己的心结，给自己机会化解并提升自己。

当我不学习的时候，我把担心绑架在爱上，"诅咒"自己的孩子朝着不好的方向发展，长此以往，孩子想好也好不了。

当我成长的时候，我把担心转化成祝福，相信孩子会好，信任孩子可以好，把掌控孩子的行为变成影响孩子的行动，孩子不好也会变好。

时刻不忘改写自己、孩子和家庭的旧程序，让开心和祝福成为我们的密码。改变从念头开始，从当我想你的时候开始。

当我想你的时候，我的心充满着爱与温暖！

当我想你的时候，我的心充满了感恩和感动！

当我想你的时候，我在祝福你健康快乐、一切都好！

当我想你的时候，我在祝福你阳光开朗、自信满满！

当我想你的时候，我在祝福你轻松绽放自己！

当我想你的时候，我在祝福你平和安定！

当我想你的时候，我在祝福你前途光明！

我把“当我想你的时候”改编成了洗碗的陪伴说唱词。儿子乐呵呵地说我是搞笑的老妈。

担心是魔咒，祝福是解码。让我们一起唱响：

当我想你的时候，我们的感觉是幸福！

当我想你的时候，我的心里充满祝福！

当我想你的时候，我的心里充满相信！

当我想你的时候，我的心里充满欣赏！

当我想你的时候，我的心里充满感恩！

缺点也是你的一部分

早晨上学前，儿子突然说感觉肚子疼。我没说话，觉得这没有什么可大惊小怪的。

我小时候经常肚子疼，没有人在意，一般忍一忍就过去了。一方面大人忙得顾不上；另一方面大人觉得小孩子肚子疼不是大事情，不用担忧，可能上个厕所就可以解决问题。

儿子的话没入我心。我心里想的是上学快要迟到了，老师要批评了。儿子的状态让我感觉有点焦虑，我觉得他矫情，小题大做。

此刻，儿子感觉到他的需要没有被满足。肚子疼了，妈妈都没有关心他，还因害怕要迟到，催他去上学。妈妈把上学看得比他的健康还重要。我的言行让儿子觉得自己没有被重视，所以他表现出抗拒，在厕所蹲了半天都不出来。

我有点紧张了，开始胡思乱想。是急性肠炎？是昨晚吃鸡排和酸梅汤引起的腹泻？我不敢确定。折腾了半天也没见好转，看着他痛苦的样子，我很心疼。决定给他请半天假，留在家里观察。我让他回到床上继续躺着，立刻准备热水袋给他敷上。片刻后，症状减轻，疼痛感稍微缓和了一点，他慢慢地平静下来，然后睡着了。

如我所愿，他下午顺利上学去了。晚上接他放学时，他对我说想吃外卖。我心里的火立刻燃烧起来，语调分贝超出平常，说："好了伤疤忘了疼，你刚刚才好，又要吃垃圾食品，家里给你煮了稀饭，养养胃。"

儿子立刻回我："要吃你吃，你把我当作你们'老人'了，上学辛苦半天，还让我吃稀饭，封建思想，谁告诉你外卖都是垃圾食品的？"

你一句，我一句。一个外卖让我们俩都没有绷住，它点燃了一场久违的战火。两败俱伤后，最终还是我吃了稀饭，他吃了外卖。

我吃着稀饭反思着，让他吃稀饭是我的需要，是我认为的他的需要。事实上他并不需要。他需要符合他胃口的食物，毕竟他正值青春，消耗得比较快。

而我想用自己认为的好、认为的需要，绑架孩子的需要，并否定孩子的感受与需要。所以，孩子的感受没有被我理解，需要没有被我认可，他才会抗议。

争吵不能解决问题，管教没有产生想要的结果，反而让我们彼此伤心了一把。事情过后，我们俩都从中平复，各有反思。

第二天送儿子到校门口，他和我告别，我伸出手，儿子立刻也伸出手，紧紧地握住我的手，我们眼神对视，彼此笑了一下，他才下车上学去。就在紧紧握住手的一瞬间，爱在我们母子之间流动。

每一次问题的发生，看起来是坏事，但也是好事。偶尔的争吵，让我们了解彼此在生活中的交往互动模式。也让我照了一次镜子，提醒我，如何在以后的生活中提升，在不平衡中求得平衡。

我不浪费儿子跟我吵架的机会，我们每一次都在争吵中找到平衡点。我们彼此都在成长，我们相处的模式，也是在帮助儿子提前了解，他和别人相处的时候，要如何在不平衡中求得平衡，我们的经历会让他多一份与人相处的能力。经历给我带来了一次次的心灵洗礼，让我看见，是什么让我控制不住自己的情绪。每一次的争吵发生过后，我都会再次回到那个场景，看看自己的真实想法。

当儿子说要吃外卖时，我心里是不接受的。担心他身体是幌子，拒绝的第一个理由是怕浪费钱。我从小被父母教育要勤俭节约，家里有吃的，为什么还要吃外卖？外卖就是浪费钱、乱花钱。第二个理由是把儿子早晨肚子疼的原因归结为前一晚吃了外卖，我认为是外卖惹的祸，外卖是导致他今天早上没有去上学的罪魁祸首。事实上，我是介意他早晨没有去上学，耽误了学业，我心里有怨气。

所以，当他再次想要吃外卖的时候，我冠冕堂皇地以关心他身体为由，给自己找到了拒绝他的机会，指责他没去上学和浪费钱。于是，我打着“你不爱自己、你吃垃圾食品、你把自己吃坏了、我讲你都是为了你好……”这些旗号，来掩盖我心中真实的想法。我想通过一个让他认为是爱他的理由，去管住他乱花钱和不去学校的行为。

其实，我的内心不是在意外卖是不是垃圾食品。它只是我心中的一个幌子，一个我不接受他乱花钱、不上学的幌子。我披上了爱他的外衣，惩罚他乱花钱、不上学。

我渐渐地反思，当情绪上来时，外卖就是垃圾，孩子就是不听话、有缺点的孩子，就是不理解父母的疾苦、乱花钱的孩子。那一刻，我内心带着嫌弃去看待孩子，我不是一位体谅孩子的妈妈，而是一个讨厌孩子的评判者和说教者。

当我情绪好的时候，外卖就是食品，孩子吃外卖就是吃饭；钱就是用来花的，我也会和孩子一起吃。孩子有没有缺点，有没有问题，好或者不好，不是由孩子决定的，也不是由别人决定的，而是由我的感觉决定的。我的感觉好，孩子就是好；我的感觉不好，孩子就是不好。当我情绪好，我接受孩子的时候，孩子的行为就是正常行为；当我情绪不好，我不接受孩子的时候，孩子的行为就是不正常的行为。

平静下来才明白，孩子吃外卖、穿时尚的衣服、打游戏、在手机上聊天，以及做一些看似奇怪的动作……都是孩子探索生命经历的路程。就如同孩子小时候会去触摸开水瓶，把家里的东西乱丢，然后自己开心地再捡起来一样。

所有的行为，都是孩子不同年龄阶段的探索。

问题和缺点存在于孩子的成长过程中，是孩子生命成长的必经之路。因为父母不接受，才介意缺点、问题的存在。

我们把好的物质条件给了孩子，心里又想着自己过去的苦，总想让孩子吃吃苦，可是不同的时代造就了不同的孩子。我们还活在过去的物质条件中，却总是把自己的一切强加在孩子身上，希望得到心理上的补偿。既期望孩子不要承受自己的苦，又想让孩子知道自己的苦、自己的不容易，拿着自己过去的苦去要求和压制孩子。如此矛盾的父母，矛盾的我！

叛逆、不听话、懒惰等问题，都有可能是孩子的一部分。而我们很多时候因为只盯住了孩子的这部分，认定缺点和问题，否定孩子的所有，甚至毁掉孩子的整个人生。

在生活中，父母、爱人、朋友、孩子和我自己，甚至所有的人，我们都有这样那样的缺点和问题。如果只盯着缺点和问题，我们会活得很痛苦，因为只要生命不止，问题和缺点就永远不断。

只爱优点，只爱美好，不是完整的爱，那只是寄托了我的需要和需求，满足我的爱。没有完美的孩子，只有完整的孩子。只有接纳孩子的不完美，我们才能够拥有完整的孩子。

接纳缺点和问题，那才是他人需要的爱，是他人从我这里获得被接纳、被支持、被尊重、被爱的感受。

缺点、问题是孩子生命的一部分，我既然爱孩子，就要面对孩子这部分，我拿什么去爱孩子这部分？唯有接纳、陪伴、支持、信任、尊重、感恩和祝福，才是孩子需要的能量！

没有什么比生命的安好，更值得让我们感恩的了！

感恩缺点和问题，让我看见生命的真相，唯有生命的安好，才可以展示其他价值！

我的“爱”，就是让你烦

午餐后，儿子上床午睡，我也得空在沙发上躺一会儿。学校离家有点远，加上儿子上了初三要比以前早到校，我每天早上五点多就要起床。对于午休，无论是身体上，还是心理上，都有强烈的需求。

刚迷糊睡着，手机突然响了，是快递打来的，给儿子买的衣服到了。

我连忙爬起来下楼去拿快递，然后回来准备接着睡。

刚躺下，手机又响了，又是快递！是儿子的裤子到了。我又爬起来，再次下楼，心里非常不开心，有点烦！

回家准备再睡，刚躺下，儿子又在床上说：“妈妈，等下能不能帮我洗个头？”

这一刻，我已经感觉到我的内在着火了，我很想大声说：“睡觉！我想睡觉！”

我心里郁闷：让你睡觉，你睡不着；我想睡，却睡不成！你有机会睡，还不好好睡！

我忍住没发飙，只是不耐烦地说：“快睡觉，晚上再洗！”我的声音低沉，一点感情都没有。

再次躺下，已经没有了睡意，于是闭上眼睛，去研究自己此刻的情绪。

内在没有被满足，外在便没有动力，没有状态，什么也不想做，就是很烦。

但我知道我不能发火，不能凶，不能发泄，因为我是妈妈，虽然我不舒服，我很难受。于是，我在心中压下想发火的情绪，并形成“恼”。

想睡觉的愿望没有被满足，压着情绪，干着不愿干的事，面对不愿面对的事情，并形成新的情绪叫“烦恼”。

原来烦恼让人崩溃。

生活中，我们每天对着孩子唠叨：快起床！快睡觉！快吃饭！快上学！快写作业！你不能这样，你不能那样！你应该这样，你应该那样！这些唠叨，给孩子的感受，就如同一个个午睡时的快递电话。

每天用爱绑架孩子，我们乐在其中，却不知道自己正在用让人烦躁的方式折磨孩子，让他们崩溃。我们用自己认为爱他们的方式，在摧毁他们的耐心。然后，还对他们说自己是如何的辛苦。

当孩子对我们没有耐心的时候，我们真的要反思，每天带给孩子的是什么样的感受？无意识的口头禅，为你好的唠叨，是不是就像用火烧纸一样，带给孩子灼痛的感受。所以，孩子才会反抗，说我们烦死了。

今天，这份烦躁的感受让我看见自己的不足，我认为的爱，其实是管控，是不信任。

面对中考，孩子压力比我大，承受着各种各样的期望。我认为自己不容易，自己苦，自己累，其实是感觉自己委屈。但孩子每天面对学习的压力，也很不容易，他只有在焦虑的时候才会让我帮他洗头，释放压力。惭愧，当我自己没有状态的时候，我接不住孩子的情绪压力，看不见孩子的需要。内在的爱是给予，是动力；外在的爱是提升，是能力。而我们的爱到底是什么？其实我们根本就没有觉察过。

有时候，我们爱的方式，原来是孩子烦恼、痛苦的根源。

我努力反省，调整自己。不是孩子不优秀，是我的方式还停留在过去，一时半会很难调整过来。努力管住嘴巴，我知道我做得不好，我正在努力，正在改变。改变是最终的结局！

孩子是读取情绪的大师

晚上接儿子放学时，我感觉有点困，身体酸痛，不太想说话，很累。我猜想是接孩子的时候忘记带伞，淋雨了，可能要感冒了。

儿子见到我就问："发生了什么事情，你怎么了？"我说："没什么，就是有点困，身体不舒服。"

儿子又来了一句："不要骗我，我们小孩子是很敏感的。"

我不知道该说什么，因为我真的什么事也没有，只是感觉有点疲惫，有点困。儿子老是缠着问我，到底发生了什么，让我有点烦。

我没有发生什么，而他非要让我告诉他发生了什么，这让我很郁闷。唉！当妈真不容易，连犯困的权利都不可以有，想示弱一下都不可以，感觉无力！回家后，我辅导儿子做完功课，就想睡觉。

儿子却莫名其妙有点躁动，有点亢奋，跟我死缠烂打，要延后睡觉时间，我没有同意，我们俩都有点不开心，但最终还是都睡觉了。

晚上，我做了整整一夜的梦，已经好几年没有出现这种一夜被梦折腾的现象了。早晨被闹钟吵醒，头有点不舒服，喊儿子起床，当他被我叫醒时，牢骚不断，起来就跟我唠叨个不停，他烦，我也烦！他说："昨天晚上就不应该让我早早就睡觉，我折腾很长时间也睡不着，快到半夜十二点半都没有睡着。"

我有点郁闷，他每天都是同一个点睡觉，都睡得好好的，怎么就昨天晚上睡不着了，还折腾到快半夜十二点半，在想什么？

俩人没有睡好觉，彼此都有抱怨、牢骚、脾气……

我们俩都不在状态，我想帮他，但感觉无力。送他到学校门口，随着门“哐当”一声，他下车了。他狠狠地关上车门，没有像平时那样，下车给我说声再见。看着他气鼓鼓地走向学校，我的心里也不好受。此刻多了一份觉察，我在干什么？我们俩今天是怎么了？

我开始把注意力放回自己身体，感觉到我的无力并不是来自身体，而是我的内心，我怎么了？

在回家的路上，我开始琢磨自己，琢磨孩子。我回忆起自己这几天的生活，觉察到是什么在消耗我的能量！

前两天爱人说，需要我给他两天一晚的课程搭课，因为路途太远，我不太想去。孩子一个人在家，几天时间没有人照看，我的心怎么也放不下。再者，本次学习的学员中，有学校心理学的老师，面对老师我有本能的不自信，可能是以前做学生留下的阴影。

所以，这几天我的内在不和谐，困在去与不去带来的纠结中，我自己并没有看见这份情绪，儿子已经觉察到了，并不停在问我怎么了，而我却不知道自己怎么了。

儿子和我一样，前两天他跟我说，学校彩排一个剧本，他演男主角。我相信，他肯定是想表现出最佳的状态，只是他的心里也会有不确定、不自信的部分。而我的状态，恰恰唤醒了他不确定的部分，在他需要我支持、鼓励的时候，我却给不了他，因为我自己也在纠结。

孩子一边兴奋，一边又不太自信；一边思考如何演绎，一边又感受到妈妈内心的纠结。他的精神世界是矛盾的，所以他失眠，他对我抱怨、唠叨、嫌弃、发脾气。他的不安，来自他内心的纠结、动荡，来自对自己的那份不确定。

看见我们彼此存在的问题，我开始调整自己的状态，修复孩子的状态。我知道此刻用语言会卡壳，选择留言可能会好一些，于是给他写了一张小纸条。

亲爱的儿子：

上午好！

我为自己不佳的状态影响到你，向你说声“对不起，请谅解”！

昨晚做了一夜的梦，睡得不踏实，这次课程在很远的鄂尔多斯，我既牵挂你、担心你，又有一点不自信。因为听课的学员不仅仅是家长，还有学校的心理学的老师，妈妈心里有点压力。我很惭愧，我的情绪影响到了你。我知道你是个好孩子，你不仅在努力学习，还要准备表演节目，你也不容易，你正在努力。

让我们彼此包容，相互支持，妈妈爱你，加油！

中午接他放学，我们谁也没有提早晨不开心的事，他的状态还不错。到了小区，我去车库停车，他先回家。等我到家的时候，他主动关心我的行程，我感觉到他的表情是喜悦的，我知道他看了我的留言。我们的情绪闹剧，此刻已收场，家恢复了平静。

今天发生的事情，再次让我看见一个真相，那就是，孩子读取我们的情绪，比我们自己还要快。可见，父母关注自己的情绪是多么重要，父母的状态、情绪，会直接影响孩子的状态、情绪。

以前，经常听父母们分享，他们已经在努力改变，也在控制自己的唠叨，但是孩子就是不改变，还老说他们假。

此刻，我才有点明白，孩子有时说我们大人假，事实上我们说的、脸上表现的、行为上做的，有时是出于理智、理性、人情世故的需要，而不是发自内心的。内心可能是另一种声音，而孩子恰恰就读取了我们最真实的声音，看见了我们的表里不一，所以孩子会说大人假。

我们表面在接受孩子、表扬孩子，内心却是担心、不相信、不接受孩子。在我们还没有说话前，孩子就已经读取到我们的真正想法与感受，所以孩子才会抗拒我们。

孩子的世界就像六月的天，说变就变，而我们自己如果也是六月的天，阴晴不定，无法控制自己的情绪，那就是雨天又下冰雹，将我们彼此都砸进了坑里。

爱是一种真实的感受，当我们的感受不在的时候，我们的爱就是一种变相的自我需要，是为了满足自我的一种方式，孩子就是我们需要的牺牲品。

孩子看不见自己，孩子只能够通过父母的行为，以及回应他们的方式感受自己，孩子是感觉大师。

父母只有先让自己感觉到温暖，才能够温暖孩子，才能够将感受演变成爱的行为，孩子才会真正地感受到被爱。那些心里在纠结、只用行为来表现的爱，孩子是感受不到的。

孩子是情绪读取的大师，父母的爱真不真，孩子的内心是很清楚的。爱是一种能力，更是一种感受。当爱在的时候，一个眼神、一个动作、一句话都是爱的表达，都是温暖，都是对孩子的支持、信任、尊重。父母关注自己的情绪，提升自己的能量，就是帮助孩子。

孩子是读取情绪的大师，他们不听我们怎么说，就能读取我们最真实的心理感受！当我们是爱的化身的时候，孩子就是幸福的化身、天使的化身；当我们是不良情绪的化身的时候，孩子就是苦难的化身、痛苦的化身。

我是一切的根源，爱是所有的结局！

你是我的镜子，还是我的影子

我经常跟爱人说，你把我和儿子丢家里，我和儿子之间就像是更年期遇见了青春期，“火星撞地球”。原本是开玩笑的话，却真实折射了自己和很多妈妈的无奈。

中国家庭往往是男主外、女主内的家庭模式。男人以工作忙为由，通常游离在家庭之外，把妈妈推到了育儿第一线，让很多妈妈很是抓狂。当我们说自己是更年期的时候，其实就是自己给自己当下的情绪与无奈，找了一个合理的借口。

因为我们想教好，我们也很努力，但是我们已经不懂得该如何引领和教育自己的孩子了，我们和孩子成了两类人。

青春期的孩子在家庭和学校间游离，更多地喜欢与同伴一起交流。青春期孩子斗志昂扬，他们好辩论，喜欢钻牛角尖，打破砂锅问到底，敢于挑战老师和家长，呈现出“初生牛犊不怕虎”的闯劲，独立性和依赖性的矛盾并存，成人感与幼稚感的矛盾并存，自制性和冲动性的矛盾并存。

孩子的生命正在迅速绽放，他们对什么都好奇，什么都想体验，什么都想尝试。而妈妈因为经历了很多，总想把孩子护在自己的保护伞下，担心、害怕、恐惧、怀疑、不相信和不敢放手。流行潮流我们赶不上他们；玩，我们也玩不过他们；知识的开阔面，我们也不如他们。

我们的感受在过去，他们的感受在现在和未来。

他们说的我们不懂，我们说的他们不听，我们在一起找不到共同语言了。驾驭不了孩子，又不敢放手让孩子自己去经历、去碰壁、去承担！死死地拖着孩子的手，不敢撒手！对妈妈来说，学会放手，静等花开是一件很难的事情。

时代造就了新一代的孩子，当我们还活在过去的感受中，想用自己的苦和上一辈子的苦去感化他们，想告诉他们生活是多么不容易的时候，他们正在吃着大餐、吹着空调、玩着游戏、看着电视，我们的苦成了他们眼中的老土的故事。因为从他们出生到现在，我们把最好的物质都给了他们。他们经历的世界本就和我们说的不一样，我们又如何用自己的苦去感化他们?

从初中到高中，我和孩子的关系在平衡中倾斜，在倾斜中平衡，我们踉踉跄跄、跌跌绊绊地走着！

赏识教育、挫折教育……只要是认为对孩子有帮助的方式方法，统统拿回家，在孩子身上试一番，也不管是不是适合自己的孩子，有没有负面作用，用了再说！方式方法有时管用，有时不管用。无论管用不管用，我们经常都只有一个评判标准，那就是孩子听不听话。我们很少反思自己是不是用错了方式、用错了方法。

孩子是我的镜子，还是我的影子?

孩子出现了问题，孩子是我的镜子，照见了我的问题，我开始改正；还是我正在把孩子变成我的影子?

有一段时间，孩子照相时，面部表情非常严肃、呆板。我经常跟他说，脸部要放松，笑容要自然，打开自己。结果是讲了多少次，一点效果都没，孩子还是老样子。

有一次，我无意中看见自己曾经的照片，心里有点震撼，原来我们的面部表情是一模一样的，都是凝重的。我的眼睛只能够看见孩子的不好，却看不见自己的不好。同样，孩子只能够看见我的不好，他看不见自己的不好。

曾经的自卑，让我多少年都打不开自己，但我的内心渴望自己绽放，我希望自己可以像别人一样活得自由、放开、随性。我做不到，就希望孩子做到，孩子从小到大都是我带着，一个自卑的妈妈会带给孩子什么样子的成长？

虽然我认为给了他足够的爱，但是我没有教会他什么是绽放生命的样子。因为我不够绽放，孩子就没有被绽放滋养。

我把孩子变成我的影子，自己竟然不知道，还在嫌弃自己的影子。很多时候，不是我们父母不愿意改变，而是因为我们都不知道自己错在哪里，不知道根源在哪里，也不知道自己是在扮演谁。一个无知状态下的妈妈又如何去纠正自己？如何去改变、如何去影响孩子呢？什么是对，什么是错，我们没有一个评判的标准。

当下，大多数父母评判一个孩子好坏的标准，都是考试分数，考得好就是对，就是好孩子；考得不好就是错，就是问题孩子。但是，考得好的，未来不一定幸福；考得不好的，也不一定不幸福。生命的幸福感，不是简简单单的考试。

孩子是我们生命的镜子，我们需要通过孩子修复自己，让生命影响生命，不是让孩子成为我们。

最近，我经常在心里重复一句话："孩子是我的佛，他的问题就是来修正我自己的。"如果没有孩子出现的各种各样的问题，一帆风顺的生活会让我活在自以为是的浮躁和傲慢中。孩子的问题让我们看见真实的自己，了解自己真实的生命状态。通过他们的问题，我们能够客观地看待孩子，看待自己，想办法自我改变。

孩子是我的镜子，我也要努力成为孩子最好的镜子，让孩子在我的身上看见美好；而不是把孩子培养成我的影子，重复我的一切。让自己成为自己，让孩子成为孩子，是我一生的功课。

不要用金钱赋予孩子愧疚感与罪恶感

早晨送儿子上学，他上车就跟我说，晚上还是不能喝咖啡。

我说：“不喝咖啡，就等不到十二点，就没有办法抢鞋子。”

我觉察到自己是阴阳怪气、冷嘲热讽，还带有挑衅味道的。自知这样说不对，但还是脱口而出。

我的话音还没有落，他立刻回了我一句：“你可真会说话，我要想等到十二点，非得喝咖啡吗？我爸给我买的书，随便哪一本都可以打发时间，你就是不会好好说话。”是的，我没有好好说话。此刻，我不是不会好好说话，而是我根本就不想好好说话。

我感觉自己今天有股邪劲，就是想要怼他，我这是怎么了？明明知道，他喝咖啡是为了专注看书，他在努力，他想要变得更好，我怎么就是不愿意给他点个赞，肯定他一下呢？为什么呢？闭上嘴巴，感受一下自己的内心波动过程。

原来，看似平静的自己，内在早已经是波涛汹涌了。

早晨，叫儿子起床，他似醒非醒的样子看起来很难受。看着他的样子，我的内心有个声音：“哼！你昨天晚上不是答应了嘛，早晨能够醒来的，现在看来，你起床有困难，你讲话不算数。”我的内心是冷言冷语的讽刺。他的不紧不慢，让我觉得他说话不算数，又感觉他不够重视，不够努力。他在挑战老师，老师要求他们不迟到，他做不到，就是不尊重老师。孩子不努力，不早到学校，就是辜负老师。作为妈妈，我感觉自己对老师有亏欠感。

第一层情绪，是因为他不够好，所以我才生气。

当我随着情绪，一层层地走进去，剥离，我听见了另一个声音。内在，还有一个生气的小孩，她很生气地在说："我就不想说你好，谁让你欺负我了。"捕捉到这个声音，我感到奇怪，我怎么了？于是继续跟踪情绪。原来，昨天是"双十二"，晚上儿子用我的钱，抢购他的衣服。我理性地觉得孩子大了，买衣服是正常消费，应该的。毕竟他正在长身体，到这换季的时候，衣服都小了，应该买新的了。但是，我感觉，儿子不仅仅是花了我的钱，还超出了我的消费认知，感觉他买得有点贵，我不能够接受。我一直还活在过去的物质匮乏中，觉得钱花了就没有安全感了。看着自己的钱，被他不断地消费掉，很生气、很委屈。但是，我知道，这是应该消费的，所以有一种无可奈何的被迫感。

第二层情绪，是舍不得钱，孩子买的衣服太贵了，太浪费。

我们观念不同，他冲撞了我的观念，挑战了我的消费底线。我走近那个委屈的小孩，问她："你怎么了？"她立刻流泪了。她说："妈妈会说我乱花钱！爱人会问我，钱花到哪里去了？我很委屈，他们指责我、抱怨我、嫌弃我乱花钱了。"此时，我的脑海呈现出关于妈妈和爱人谈论钱的画面。画面带给我的感觉是局促不安的，我觉得自己做错了什么，自己不够好。内在的小孩说，我真的已经很努力了，我自己并没有想要乱花钱。她在解释，今天这个钱不是我要花的，我也是被强迫，也没有办法。

孩子大了，衣服不买不行，所以她很无助、很委屈。既必须买，又担心、害怕被指责，所以忐忑不安。于是，今天早上儿子起床慢，成了情绪的导火索。我内在的小孩觉得，我都已经努力了，他还不快速地起床，我很生气。

生气撬动了深层的生气，它指挥着我的嘴巴开始攻击。看见了花我钱的人，就忍不住冷嘲热讽，想要挖苦他。

觉察后，我开始闭嘴，清理内心的感受。

先回忆起妈妈，那时妈妈唠叨我的学费，觉得女孩子学习不用花太多钱。我感觉到妈妈面对金钱的卑微、无奈与无力，她很累，很沉重，也很委屈。妈妈一辈子克勤克俭，一心为儿女、为爱人，自己舍不得吃穿。妈妈带给我的金钱观是匮乏的，面对妈妈的无奈、委屈，我花钱是有罪恶感的。

当我回忆起爱人，想到的是爱人小心翼翼地跟我谈他的钱、工资，他在考虑我的感受。但是，我的潜意识接收的是，对金钱的恐惧绑架了爱人。我们两个人走到一起，白手起家，面对生活，爱人也很无力，也很有压力。我的身体接收到了绑架爱人的这股能量，只是我内心不知道。

当我回忆起自己过往经历的时候，我整个人很沉重。曾经的贫穷、生活的沉重与压力让我对金钱产生了恐惧。我们夫妻俩都在乎对方，所以我们都在掩饰，小心翼翼地避开，迁就对方，假装很大方。我跟着感觉，走进束缚我和爱人的力量，看见爱人是一个被抛弃的小孩，恐惧、迷茫、无助、责任和压力绑架了他。

清理我的内心感受，清理我和妈妈的感受，清理我和爱人的感受，清理我和儿子的感受，让自己回来。

一大早，我被情绪绑架了，我走丢了，我又回来了，就像坐了一趟过山车，在情绪波动的心路旅程中走了一回。

“双十二”，我被儿子买的几件衣服给弄丢了，丢回到过去物质匮乏的感觉中，迷失了自己。跟着情绪的钥匙，我找到了被抛弃的自己，释放过去的感觉，释放自己；宽恕过去，宽恕自己，让自己回来了，让爱回来了。

我的眼睛瞬间明亮起来，我看见了、看清了。看见了儿子的行为、内心的需要、情绪的波动、情感的需要。看见了妈妈、爱人和我自己的行为、内心的需要、情绪的波动、情感的需要。

看见了，我们都很努力，我们都不容易。我后悔、我修复、我感恩、我珍惜。

一直认为，轮回是指生死，却不知道当下就是轮回，父母给我们的，我们正在给孩子。妈妈曾经唠叨我们上学浪费钱，我现在冷嘲热讽儿子买衣服和鞋子浪费钱。

我一直都说要改变自己，但是我在不知不觉中，还是用了妈妈对待我的方式来对待我的孩子。我正在让孩子体验我曾经的感受，体验物质的匮乏与对金钱的担心。只是，我换了一身好看的外衣，但是带给对方的感觉、内容都是一样的，即不被接纳、被嫌弃、被否定。

事实上，买衣服的钱，是我和儿子共同承担的，我出了一部分，他自己用零花钱添加了一部分。此次消费行为是属于正常的，只是我还在用自己过去的匮乏感与过去的金钱观，来控制我的儿子。

父母把“贫穷观”塞给我们，我们又想要把“贫穷观”塞给自己的孩子。让孩子即使买了，也留下了一种不配得感，以及违抗妈妈的罪恶感。

我们家穷，没有钱，只能靠你了；你要好好上学，才能赚钱养家；

等等。

贫穷并不可怕，可怕的是我们对贫穷的执着，即使我们现在已经衣食无忧了，却依然还活在对贫穷的恐惧与担心中。“贫穷观”是一种病，一种可怕的感觉。它不但可以影响自己，还在遗传给下一代。

我们早已经脱离了贫穷，早已过上吃饱穿暖、衣食无忧的日子。可是我们还是经常会对孩子说：“又花这么多钱，爸爸很辛苦，妈妈很辛苦，不知又要挣到什么时候。”话虽是事实，却会让孩子带着愧疚感消费。长此以往，孩子就会在潜意识中，对个人消费产生强烈的负罪感，生怕自己乱花了一分钱，给家里带来了不必要的负担。

因此，与其跟孩子抱怨金钱的匮乏，不如教会孩子合理消费，以及理财的方法，教孩子树立正确的金钱观、人生观。

忏悔心灵的告白

晚上参加父母沙龙，解老师分享了她读过的一篇文章，她的感悟是，缺点不一定要改变，缺点里也包含着机会。我们就缺点展开讨论，最终得出结论，根本就没有缺点这一说，只能说是特点。在父母的眼中，孩子不符合我们认可的标准就是缺点吗？

一位妈妈分享，最近她和孩子在进行学习注意力训练（右脑开发训练），让她对自己过去的所作所为很自责。孩子小时候是左撇子，她觉得这是很大的缺点，全家人都用右手吃饭，这个孩子怎么这样？他们觉得孩子格格不入，于是哄、打、骂，终于把孩子训练成了右撇子。学习右脑开发，居然在训练孩子左手吃饭。她内心很复杂，对于当初自己武断行为带给孩子的伤害，不知道怎么弥补。父母用自己的无知赋予了孩子不好的体验，让孩子负重前行。

大家的分享，也勾起我的思绪。

这几天儿子说他的皮肤出现不适，看着他的自拍照，我挺心疼。对北方气候环境的不适应，加上和父母的分离，面对人生的新开始，他的人生新课题该何去何从？我相信他的内心正在经历着无数翻腾的情绪。只是，他把这份情绪藏在了心里，无处表达。

他平时看起来很快乐，没有跟我们表达思念之情，但是我能够感受到他是想家的。那种想表达又表达不出的情绪，藏在了他的心里。其实他自己都不知道，藏在心里的情绪正在通过脸部问题告诉他的妈妈。

读取了被孩子自己压制的情绪，被孩子忽略了的情绪，我的内心是满满的愧疚。孩子十八岁，我真正的成长只有两三年，觉知自己的行为也只有两年。

我的孩子是带着父母的爱与祝福来的，他本身就是爱。我却用自己的无知、自以为是、傲慢、贪婪、恐惧、担心伤害了我的孩子，用自己的自卑、卑微、恐惧、担心、恐惧绑架了孩子。

我自以为是地嫌弃他做得不够好，让他觉得自己不够优秀，让他不能够正确地表达自己的感受。

曾经的我们没有成长，活得很沉重也很傲慢。蓦然回首，发现孩子用牺牲自己的方式，唤醒我们父母成长。可是，在我还没有完全化解我曾经带给孩子的伤害时，孩子已经离开了我的视线。我没有机会再去弥补自己的过失，而孩子也踏上了他全新的人生旅途。

此刻，我的内心是愧疚的、自责的。和所有妈妈分享的那样，我也很难受。

今天我把这份感受、这份愧疚分享出来，唤醒正在迷途中的父母：珍惜眼前的孩子，他们是天使，让天使成为天使，而不是把他们绑在我们认为的世界。

这是一份忏悔心灵的告白，感恩我的孩子！

对不起，请原谅！谢谢你，我爱你！

第二章

母爱觉醒

当孩子呱呱坠地，我们从妈妈的孩子变成了孩子的妈妈。

在抚养孩子的过程中，我们或多或少都会用父母对待我们的方式对待孩子。而大多数父母，都没有接受过家庭教育培训，就稀里糊涂地“上岗”了。

生于二十世纪七十年代的我，和我的“零零后”的孩子，接受不同时代的文化熏陶，各自不同的价值观在碰撞。作为妈妈，我用本能的反应引导着孩子，而非站在生命的高度，接纳孩子的成长规律。因此家中上演的情景是，时而母慈子孝，时而鸡飞狗跳。

不会爱，爱变害，受伤害的孩子会变坏。

父母学习，势在必行。

给孩子经历过程的权利

朋友分享她的闺蜜被骗四十万，人快要发疯了。我和儿子无意中聊起此事，儿子说：“被骗的人，多数是因为心中有一个贪念，当初我被骗就是心中有贪念，人不能够贪！”那一刻，我无比欣慰！更能理解一句话：“如果怕浪费钱，就会浪费孩子。”儿子的八百元没有白白被骗，他成长了！

初一时，儿子沉迷网络，开始无视我们的管教，他觉得我们跟不上时代，太落伍。经常利用网络挑战我们，也根本不听劝。

儿子想在网络上投资，赚钱买猫。爱人明知是骗局，还陪着他按照流程，把八百多元汇入对方账号，直到对方的账号消失，钱打了水漂，儿子才意识到上当了。后来，爱人陪儿子到警察局报案，爷俩被警察狠狠地教育了一顿。

那段时间，我感觉儿子一下子醒悟了，老实了很多，务实了很多。爱人用现实经历给儿子上了一课，自此儿子学会理性地认识网络。

当时，我并不认同爱人的方式，觉得太浪费钱！我们家并不太富裕，八百元不是一笔小数目，浪费了是很可惜的。爱人明知是骗局，偏向对方付款。所以，我对他的行为很有意见。

现在才明白，我们给孩子金钱不如给孩子经历，若把金钱看得比孩子更重要，那就有可能耽误孩子。

给孩子经历的机会，比给他讲道理更能够让孩子记忆深刻。我只是看见了金钱，而爱人看见的是钱给孩子成长带来的作用与价值。生活中，我经常会用我的人生经历、经验去替代孩子的经历。在教育孩子的过程中，因为害怕孩子犯错，所以一次次剥夺孩子体验生活的机会，却不知体验才能真正地收获，弯路和错误恰恰是孩子成长的机会。

我知道，我是一个放不下的妈妈，我愿意去努力、去改变、去成长，陪伴孩子一起体验生活的喜怒哀乐。成长自己，幸福家庭，快乐当下。

今天不犯小错，将来可能犯大错。

给孩子犯小错后修正的机会，可以防止孩子犯大错。

放手是一种能力

和儿子相伴的日子，我学会很多。伴随着孩子的行为、学习成绩，我的心患得患失，情绪也随着孩子的状态，此起彼伏，反反复复。

孩子和我在一起的日子，有叛逆、有争吵，彼此都是在不平衡中寻找平衡。儿子渐渐长大，可是我总感觉他还停留在需要父母呵护的小时候，总是放不下那颗担心孩子的心。

记得在儿子初三的一个傍晚，天空下着雨。天逐渐暗下来了，雨也越下越大。餐桌旁的椅子上，儿子的雨披静静地挂在那里，仿佛在不断地提醒我，它的小主人没有带它一起去上学。此时，我非常纠结，是去接孩子，还是不去接？我不知道怎么办，在客厅徘徊。去接，我们没有提前沟通好，彼此容易错过；不去接，我的心不踏实，觉得自己做错了什么，忐忑不安。祈祷雨下得小一点，让孩子既能淋淋雨，受点小惩罚，又不至于像落汤鸡，再着凉感冒。好在不一会儿，雨真的下小了。

站在窗前，眺望远处的马路，车来车往，我期待着儿子的身影出现。一辆车，两辆车……看不见儿子的身影，我心里很着急。担心雨还会再下大，心放不下来。最终，没忍住带上雨伞，走出家门，想要出去接他一段路。

在小区的岔路口，只听见身后“喳”的一声，吓我一跳，原来是我家的小“落汤鸡”逗我。我立刻关心：“淋湿了吧，我想去接你，又害怕我们俩错过，还担心下大雨，所以来迎迎你。走吧，赶紧回家放点热水泡泡澡。”儿子的状态很好，他说：“没事，你去接我就犯错误了，说好不接的。都怪我自己，中午我看天气好，就把你放车上的雨披拿掉了，下次我带雨披，你就不用担心了。”

通过淋雨这件事情，我知道，妈妈放手孩子就会成长，不是孩子不行，是妈妈放不下。随着年龄的增长，孩子的能力在提高，见识在拓宽，心智在成熟。可是，我们父母的心并未随着孩子的成长而成熟，总觉得他们还是小孩子，没有长大，对孩子的行为提心吊胆。我们还把他们当成宝宝一样呵护，不问他们需不需要，只要自己觉得安全、需要就行。

初三的上半学期，有次接儿子放学，他跟我说：“妈妈，我向你坦白一件事情，这次月考我没有考好，成绩掉到二十几名。”此刻，我忙着开车，还没有反应过来。他接着又说：“开学这一个月，我自己没有用心，内心也没有动力，这次没有考好给了我一个警示，也增加了一份动力。”没有等到我给他回应，他已经把我想要表达的意思说了出来，看来孩子自己是了解自己的。他说的，正是我想要对他说的。

其实，他这一个月的状态，我心中都有数。他用身体在学，没有用心去学。让他受点挫，对他接下来的中考冲刺，是一份助力。虽然我知道，没有考好对他现阶段的学习是一件很好的事情，也知道这是给他反省的机会。但是能够做到放心、放手、相信，却真的不是那么容易。

考试后的星期二和星期三，学校开运动会。星期一晚上，儿子就跟我打招呼说，开运动会的这两天把平板给他玩，玩过这两天他就开始好好学习。我嘴上答应，内心还是有点忐忑。这两天里看着他拿着平板疯狂地玩着，我的心里还是有点不放心、不接受。

星期二中午，他告诉我他要到同学家去吃饭。我心里知道，他们中午肯定不会睡觉，几个人一定会玩疯了。看着他豁出去玩的样子，我的心里有点堵，并想在言语上有所表现，但是我忍住了。

讲好了让他玩两天，如果我现在讲他，就是不相信他。我说服自己，放下担心，让他踏踏实实地玩，大大方方地玩。按住我那一颗躁动不安的心，不再去管孩子，我专注干自己的事情。

当注意力不在孩子身上，我的心渐渐恢复了平静，内心那一种柔软的感觉开始苏醒，妈妈的爱回来了。当妈妈的爱开始苏醒的时候，我能够看清楚，并感受到儿子那一刻的生命状态。

他是个有上进心的孩子。当他没有考好时，他要面临任课老师给的压力，同学的眼光，以及父母的担忧。没有考好会掉面子，没有面子让他觉得自卑；辜负了父母老师的期待，让他自责。所以，那一刻，他应该是挫败、痛苦、无助、无力的。

我相信每一个学生都希望自己考好，考不好不是孩子想要的结果。

我们一般会把孩子没有考好归因为他没有努力。其实，即使孩子没有努力，他那一份想要变好的心，也需要我们小心呵护、好好维护。妈妈对他的接纳、理解、包容，是他最后能够好起来的防线，妈妈的信任是孩子好起来的动力。

初三的学习压力很大，而我有时候带着自己的期待，带着自己的有色眼镜看孩子，孩子符合我的要求就是好，不符合我的要求就是不好，并没有完全接纳他、理解他、包容他、相信他。

孩子应该能够感受到我的情绪，但他无处排遣自己的情绪，所以他才会沉浸在游戏中修复自己，寻找快乐。

作为妈妈，想想很愧疚，我只是盯着孩子的成绩，评判孩子的行为是否符合我的标准，从不问孩子开不开心。

觉察到自己的担心，我立刻修正自己的行为，拿出手机给正在同学家的儿子发了一条短信：“儿子，妈妈爱你，最近辛苦了，你是妈妈的好儿子，利用运动会这两天，和同学好好地玩，放松一下，踏踏实实地玩，在同学家多吃点哈。”

短信发出，儿子立刻回信：“嗯，正在吃。”此刻我知道，我的爱儿子收到了。

晚上回家，睡觉前，我给了他一个紧紧的拥抱，亲吻了他的额头，道了一声“晚安”。儿子也在我的脸颊上亲了一下，回应了一声“晚安”。爱在母子心中流动。

星期三运动会结束，儿子主动把手机、平板交给我，并把自己的房间整理了一下，决定给自己一个新的状态。

在成长的过程中，我知道儿子也会和我一样反反复复。我也知道，我自己也会出现这样那样的问题，但是，那都已经不重要了，重要的是我很珍惜生命经历的每一个过程，珍惜和儿子相互陪伴、共同成长的岁月。

不是孩子不行，是我不敢放手，我们替孩子扛住了一切，却又让孩子去扛世界；把孩子呵护、照顾得不能自理，然后又把孩子推入江湖。

学会放手需要一种能力，学会放手更需要一种心力！

学会放手就是爱孩子，更是对孩子人生的负责任。

我知道，我还没有完全放手，我正在努力让自己拥有智慧的手，牵起儿子的手，在彼此成长的过程中慢慢地放手。

学会放手，需要外修能力——放手，让孩子学会自立、自强；学会放手，更需要内修心力——放心，培养孩子爱的感受、幸福感。

相信孩子，相信自己！学会放手，还给孩子为自己负责任的空间。

不敢停留，儿的目光一直在身后

爱人跟儿子说：“你妈妈开始写作了。”儿子回了一个字：“切！”然后，用不屑的眼神瞟了我一眼后，就不再有任何声音和动作了。

我知道，在文化水平上，儿子一直觉得我没有他爸爸优秀，他根本就不相信我可以写出文章。在他的心目当中，我以前是一个文凭不高、不够优秀的生意人，现在是个伸手向他爸爸要钱的家庭主妇，动笔写书是有点搞笑的。我知道儿子一直活在我过去的影子中，他心中的我一直是那个自卑又自以为是的生意人形象。就像我对他，只看见他衣服短、衣服小，却对他长大视而不见，依然不放心他，不认同他。

我唯有不断地努力，才能改变我在他心中的形象，改变他对我的认知。

在过往的生活中，为了生存，为了生活，我错过了孩子的很多风景，也留下了很多的遗憾。非常感恩的是，自己还有机会，在他上大学前，我们彼此在弥补。

再多的话语，都不如行动有力量。

2016年，我刚刚从爱人手中接下社区的公益班，每周六晚上在社区开办父母成长沙龙，我无数次地想逃离，对于自我学习成长，很多的父母是不能坚持的，我也一样！

被迫成为社区父母学校负责人，我有压力。每次看见有人请假，我内心就失落，自己也不想去。但是，每到周六，儿子都会说：“妈妈，你上课回来给我捎点吃的。”让我无奈。有一次我说：“每次家长来得不多，去也浪费时间，干脆这周放假得了。”儿子立刻回了我一句：“你们大人想不去就不去，为什么我们小孩就不可以呢？”一语惊醒糊涂的妈。我们要求孩子坚持，自己却是不断地给自己找理由退缩，我在干什么？

原来，每个周六，儿子是希望妈妈去学习的，所以他才会记住，并用他的方式提醒我，他的内心渴望妈妈是个有学问的人。自此，我开始注意自己的影响，坚持风雨无阻，每周从不缺课，即使只有我一个人，我也会坚守。当初是为了孩子，而今更是为了心中的一份责任。

不敢回头，不敢停留。坚守是为了守住孩子心中的那盏灯！我们把希望寄托在孩子身上，却不知道孩子也把希望寄托在我们父母的身上。

我们希望孩子成为什么样的人，首先自己要朝着那个方向去努力，身教远远大于言教，在我们的身后，有孩子期待的目光。

当我拿起手中的笔，我就在转变我在孩子心目中的形象。这两天很多妈妈在微信里跟我互动，讲述看了我的分享，内心是如何被触动。儿子偶尔会看我的微信，他看到了这些互动。

昨天开车接他放学的路上，他看了别人和我的互动后，打开了我的简书。只见他瞄了一眼我的作品就略带吃惊地说：“哟，还真有人看你写的东西耶，不错嘛！竟然还有几个点评的，这阅读的人还不少呢，这样下去你不得了唉。”

虽然，我的儿子还要通过别人对他妈妈的认可来重新认识他的妈妈，让我有挫败感，但是，我还是很开心，我在儿子心目中的形象在提升。过程有点不尽如人意，结果还是满心欢喜！

虽然有时很累，但是我却不敢放下，因为我是妈妈。多少次，多想在自己的舒适区里停留，却不敢停下，不敢回头，只因孩子的目光一直在我的身后停留！

我愿意努力化作生命的养料，我愿意成为你生命的一盏明灯，照亮你的前程，一直向前，不再回首！

透过孩子看见自己

儿子上了高中，感觉他一下子长大了。虽然我们俩的观点不同，经常会有各种各样的矛盾，也会时不时地争吵，但是我感觉他在情绪控制方面做得越来越好。

吃饭的时候，无论好吃不好吃，他都不会再像上初中的时候那样，菜还没有吃，就已经开始抱怨不好吃了。

面对我的唠叨，也不再是那么的情绪化，偶尔他还会给我找个借口，说，“这是你窝在家无聊的结果”，也会给予一些理解与包容。感受到儿子正在长大，我很欣慰，看见儿子的心理越来越成熟，我非常感恩。

我相信孩子正在越变越好！我也将用相信、包容、耐心、祝福的心对待我的孩子，和孩子一起努力。

记得2017年，孩子在上初中、我刚刚拿到驾照的那段日子。有一次，天黑了，又下着雨，正赶上下班、放学的高峰期，路上的车很多、很堵，视线又不好。我诚惶诚恐地开着车，接儿子放学。在昏暗的夜幕下，我的注意力完全放在了前方，担心黑暗处会突然窜出一辆电瓶车或冒出个人来。换档起步，起步换档，每一次的停顿，我的心都紧张地揪着，担心自己会出差错。在经过卫校门口的斑马线时，我换档起步有点慢，儿子嫌弃地说了一句，我爸开车也不像你这样。儿子的话，让我那一刻感到紧张，我很委屈，心里非常难受，然后他一句，我一句，我们俩的情绪都上来了，谁也不让谁。一直到我们家附近，我们俩还在争谁对谁错。

争吵着，争吵着，我感觉到自己的心里有一把火在燃烧，有一个念头跳出来，想要发泄。念头一闪，脚立刻随着念头的闪出压在了油门上，有种疯狂想撞上前面车的冲动。觉察到此时的情绪和身体的变化，立刻有个声音飘过：不要做让自己后悔的事，你是妈妈，你是妈妈！脑袋立刻清醒了过来，有一丝柔软飘过来，压住了情绪。车速放慢了下来，安全回到家里。

儿子吃饭时，我躺在床上休息，闭上眼睛回到刚才的情绪上，分辨情绪的种类，委屈的感觉跳了出来，明明自己已经很努力了，儿子还在嫌弃我不够好，我很难过。感受着这份委屈，慢慢地，一个模糊的画面跳出来，那是小时候我跟妈妈吵架。每一次吵架，我和妈妈都是对着干，最后妈妈恼羞成怒，把我扔到门外。画面模糊不太清晰，但是那种委屈不服输的感觉在重叠，我不知道是因为儿子说我，还是因为被妈妈嫌弃，泪水冲出眼眶。当我拥抱着自己，我感觉到我的肢体在不停地抽搐。

难得遇见这么深层的情绪，我不再逃避，让自己在泪水中得以释放。当我体验完自己的委屈，我平静了下来，我跳出了自己的感受，回到了妈妈的感受。

此刻儿子让我委屈难受，那么小时候的我，不也在让妈妈委屈难受吗？觉察到这个点，我深感惭愧，我也感受到了妈妈的委屈与不知道怎么教育孩子的挫败感。

我体验委屈，感受儿子让我难过，而我也曾经让妈妈委屈难过，自己原来也伤害了妈妈。在梳理情绪的过程中，我看见了一股无形的力量在妈妈、我、儿子身上纠缠着。

我在清理自己的委屈，也在向妈妈忏悔。情绪慢慢退去，心恢复了平静，我开始整理自己的情绪，反思我为什么那么的急躁？

原来，开车时的紧张耗去了我的能量，那一刻，我非常的脆弱，我需要帮助、需要支持。儿子的指责，让我觉得委屈，而这种委屈的情绪，在紧张的氛围中发酵。

反观孩子，他正面临着中考带来的竞争压力。他的紧张和不自信让他不想面对一个谨小慎微的妈妈、一个诚惶诚恐的妈妈、一个同样不自信的妈妈。他希望妈妈能够像爸爸一样有能量，一样让他骄傲。

学校竞争带来压力、情绪，他也觉得委屈，他也需要找一个地方发泄，正好又看见自己的妈妈这样子，自己的不自信被妈妈唤醒，他无能为力，他不想面对。

于是，我们两个都活在自己的感受中，彼此抗拒给对方依靠。

他没有接纳我，我也没有接纳他，我们都活在自己的情绪中，伤害了对方。情绪不是人生的全部，却能左右人生，甚至可以毁掉人生的全部。

回想那一瞬间，我被疯狂的情绪左右着自己的行为，差一点酿成灾难。原来，心情好，什么都好；心情不好，一切都乱了。我们常常不是输给别人，而是输给坏心情。坏心情影响了我们的形象，降低了我们的能力，扰乱了我们的思维，从而让我们输给了自己。情绪是一把通向自己的钥匙，看见情绪，关爱情绪，让自己回来，让自己的爱回来。

穿过情绪看见自己，看见孩子，看见父母。情绪是爱的呼唤，呼唤自己爱自己，呼唤别人爱自己。情绪是需要，是一种乞求的爱，需要别人来爱我！

感谢儿子，今天再次成为我的镜子，透过儿子让我了解自己，看见自己，也看见母亲；感谢我能够及时跳出自己的情绪，看见三代人的委屈，三代人的不容易，三代人的爱。穿越情绪，看见爱；穿越痛苦，回归爱。感恩我的妈妈，祝福我的孩子，感恩生命的传承，我将努力把快乐、幸福作为传承。

孩子的眼神

接儿子放学途中，他把我的手机拿过去听歌。好久不曾关注我的简书，今天又一次打开扫视了一遍，问：“为什么这么多人看你写的文章?”我说，可能我的分享能给他们一点点的启发吧!

他又问：“为什么还会有这么多人关注你?为什么别人还要给你打赏?”我的速度赶不上他的问题，我还没有回答，他又开始下一个提问了：“唉!我看见我爸给你点赞和打赏了!是不是我爸为了让你不自卑，好好努力，为了给你增加点自信，偷偷用其他的手机关注你了?”

我好无奈，那一刻我感受到的是：孩子对我半信半疑，他在试探我。我有点郁闷，自己在孩子心目中的形象改变之路，是如此的漫长。此刻，我感叹，幸亏自己没有偷懒，坚持到现在。

他继续翻看我的简书内容，又自言自语地说：“我爸不可能有这么多的手机号，看样子还真的有人关注你了。”我哭笑不得，心想，哪有儿子这样说老妈的。

他接着又说：“你以后可以把我们俩吵架的事件都写出来，告诫别人；也可以编成连载，就成小说了。”他的话让我受宠若惊，曾经跟朋友聊天分享他的事情，他说我侵犯他隐私，要告我。今天如此大度，让我有点不太相信。

那一刻，我真的感动。妈妈的努力，孩子看在眼中，能量绕了一圈，通过关注我文章朋友的支持叠加，形成了一种精神力量，在无形中影响着我的孩子。

有一种爱的力量，那就是妈妈在坚持，不放弃！

不在意料之中的收获，让我反思。其实当初写，是因为自己无聊，没有想到自己会坚持下来。

原来，大家的支持信任，成了一种看不见的力量，让我有了坚持的动力，同时也让孩子开始用另一种眼神看我，我成了孩子的榜样！

感谢那些支持与信任的人，让我有了坚持的动力，这种被欣赏、被肯定、被鼓舞的感觉，滋养着我的生命，让我有了一种责任与使命！

我是一面镜子，既照见自己，又照见孩子。所以，妈妈要努力成为一面幸福的镜子，幸福自己，影响孩子，也影响到别人！

这些感受告诉我，被欣赏、被相信和被支持，对于一个人的影响是多么的重要。被需要的感觉会成为一个人的动力。

高兴之余，我的心有点难受，我开始反思。在生活中，我给孩子欣赏、相信和支持并不多。更多的时候，我给的是要求、指责和抱怨。我们很少像夸赞别人那样，去夸赞和相信自己的孩子，我们只是停留在物质上的给予上，而忽略了精神上的信任和支持，孩子没有得到，就会退缩。

我们站在父母的高度，施舍孩子、要求孩子，这不是真正的爱孩子。我们用自己的担心，绑架着孩子，然后告诉孩子这就是我们的爱。此刻，我的脑海里闪过孩子的眼神，让我心痛，我的泪水夺出眼眶。多少次，我都没有读懂孩子的眼神，那是对妈妈失望的眼神，那是对爱的求助的眼神！

我认为我已经很爱他了，但更多的时候，我的爱不是爱，是绑架，我把我的匮乏和需要绑架在爱中。不想再次看见孩子失望的眼神，所以我在跌跌撞撞中努力，虽然辛苦，但孩子就在我的身后，成为我努力的动力。

好好努力成为自己，也努力让孩子成为孩子。我知道我不够好，我正在努力变好，让我不再成孩子眼中的失望，而是成为孩子眼中的方向！

孩子，你的眼神，是我坚持的动力！

我痛苦，是因为孩子不吃早饭

送孩子上学后回到家，静静地坐在餐桌前，看着餐桌上精心准备的早餐，心里觉得不痛快。孩子没有吃早饭，上课会不会饿，会不会影响听课状态？我心里有点烦躁，也一直在纠结。

回想刚才，我做好早餐，叫儿子起床，一次、两次，他眯着眼睛，只是“嗯”，就是不起床。我隐忍着想要发火的心，看看时间越来越近，马上就要没有时间吃早饭了，我的心开始烦躁起来，催促儿子几遍：“早饭快凉了，快起来吃！还不快点起来吃早饭！”

心里一烦，说话的语调、声音的分贝就自然而然地变了。儿子回了一句：“烦死了！”

此刻，我感受到心里的火在翻腾：“叫你吃，你还烦，不知好歹！”察觉到自己快要生气了，我便立刻抛开他下楼开车去。不再关注他，调整自己的状态，心平气和地把他送到学校，没有让他带着情绪去上课。

现在我坐在餐桌前，开始回想早晨的画面，去看清自己情绪的真相。

早上看见他在床上迷糊着，我的内心是不接受的，我希望看见一个起床积极的孩子。我起床时也挺难受，为了让儿子能够吃口早饭，我强迫自己早早起床，为他做早饭，我没有叫苦，他却觉得我烦。看到他的状态，我的脑子里有个声音出现：“我五点半就已经起来给你做饭了，你还不快起床!”我在比较，在计较，在委屈。

有比较，就会有计较，内心就会不平衡。付出后就想要有回报，希望孩子能够迅速吃早饭，不辜负我的付出。看见餐桌上的饭渐渐凉了，我担心他吃了会不舒服，心里着急，于是开始催促。看着时间距离上课很近了，我又担心他来不及吃，会影响身体健康，于是更加不停地催促。

整个早上，我自编、自导、自演了一场需要孩子配合、满足、认可的戏，儿子必须按照我的剧本走，才是好孩子。我不在乎儿子晚上辛辛苦苦写作业，没有睡好觉，和我一样难受。我也不在乎儿子刚刚起床有没有胃口，我更不在乎儿子的心情好不好。

我只在乎，我没有睡好，我很难受。

我只在乎，儿子不来吃饭，我很委屈，我辛辛苦苦起床给儿子做饭，儿子不吃就是对不起我，我需要通过儿子吃饭来认可我的付出。

我只在乎，儿子不吃饭，影响健康和未来。

为了证明我爱儿子，我就必须要管他，他不按照我的意思做，就是他的不对。殊不知，一个简单的吃早饭的现象却引发我烦的情绪，我的内心深处竟然已经是翻江倒海。

孩子不是傻子，他知道饿了吃，冷了穿，困了睡，而我们偏偏想把他们当“傻子”养。孩子不愿做“傻子”，结果我们说他们是不听话的“疯子”。

我们心里希望孩子独立，却在行动上让孩子变成一个“傻子”。孩子想要成为一个独立的自己，就需要挑战父母的控制。

我们不允许孩子挑战我们，于是给孩子贴了一个标签——叛逆的

“疯子”。

每个生命来到这个世界，都是带着使命而来的，那就是成为他自己。没有自主的生命，又何来幸福的人生？

静静地坐在餐桌前，默默地吃着早餐，心里还是很惭愧。

我没有站在儿子需要的角度，而是站在我认为他需要的角度考虑。其实，孩子的行为，一定源于孩子的感受，一定是孩子的需要。而我们一直用我们的认知绑架孩子的行为，批评孩子的行为，忽略孩子的感受，看不见孩子的需要。

我用自己的感受需要去控制孩子的行为，让孩子无法表达自己。其实，吃不吃是孩子的决定，饿一两次也不是坏事。饿了，他才知道什么是饿的滋味。

我总因为担心而不敢放手，不敢让儿子品味不同的滋味，经历多样的人生。我把自己的担心、恐惧，打扮成爱的模样，去绑架孩子的行为，限制孩子的生命，同时还不忘记委屈自己，彰显自己的功劳。

我告诉自己，做饭就是做饭，不再是为了他而做。做不做是我的事情，吃不吃是他的事情，尊重孩子的决定。

当我不再带着要求、执着去做饭，我活得很轻松。孩子也可以自由地选择自己的需要，正确地表达自己饿或者不饿的感受。学会做好饭，做好自己，以一颗包容的心去接纳，去理解，去等待，去相信，去祝福孩子。

孩子，我抢了你的活

天冷了，孩子起床特别困难，看着他睡不醒、喊不起的样子，我心里特别郁闷、苦恼，绞尽脑汁也想不出好的方法。

每次看着他卡着点到校，我都特别紧张，担心稍微堵会儿车，就会迟到。因此，我每一天都在担心迟到的紧张中想要开快车，又在担心超速被罚中回到理性。

他上学，我比他还着急焦虑。我常提醒他调整时间，准备得充分一点，但是他就是不紧不慢，火烧眉毛了还如此淡定，让我哭笑不得，又不得不佩服。

我忍不住管他这种行为，我这一管，就是针尖对麦芒，彼此的情绪越来越差，他的状态也越来越差，甚至会有破罐破摔的行为出现。后来，我自己反省，上学是谁的事情？我把责任揽过来，我抢了孩子的活。理清自己的思路，调整自己的行为，我不再抢他的活。我正常叫他起床，迟到不迟到让他自己去衡量。即使迟到，我也允许，相信老师会教育他的，我不可能帮他一辈子，现在的放手是为了将来的独立。只要他是个向上的孩子，他就会在乎老师、同学的眼光，我相信这一点。

同时，我做好了被老师批评的心理准备，毕竟是我没有引导好我的孩子，我有责任。做好了和孩子一起去承担后果的准备，相信老师的一切决定都是为了我的孩子能更好，我淡定多了。接下来，孩子依然不紧不慢，只是我已经不再纠结。当我做好破釜沉舟的准备时，让我焦虑、担忧的情况却并没有出现。

原来，是我放大了内心的担忧，让自己活在焦虑中，屏蔽了孩子的能力。我总是按照自己的要求，希望孩子早起床、早到校，好好学习。我把迟到和不好挂钩，放大了内心的担忧和恐惧。所以，我看见孩子起床速度慢，就想着迟到，就想到了孩子的不好，内心嫌弃、指责孩子是一个不负责任的人。

我把上学当成了我的事情，我成了主角，孩子成了帮我干活的人，我每天都很急躁，担心他会迟到，急切的心情让彼此都不爽。现在，我清楚自己的位置在哪里，我决定把上学的责任还给孩子，接受并陪他面对由此产生的任何后果。

我发现当我准备好去接受时，我的心平静了，原来焦虑的事情已经不在了。原来，很多的时候，不是孩子不放过我，而是我自己放不过自己。当我不再关注他迟到或者不迟到，只做好我应该做的事情时，我更清楚地看到了孩子的状态。我不再自己跟自己过不去，不再跟孩子过不去，孩子反而慢慢地恢复了状态。

每天，当我不再纠结孩子会不会迟到时，我能够全面地看见孩子的生命状态，而不是每天只是盯着、放大他不积极的部分，否定他积极努力的部分。

我痛苦，是因为我想要抢你的活，想要替代你努力学习，努力吃饭，努力睡觉等。但是，我又不能够真的替代孩子去学习和生活。所以，我就希望他按照我心里的想法去做，他如果没做，我就很不满意。

孩子痛苦，是因为自己的学习被妈妈一直窥探着、嫌弃着、指责着，内心不爽，自然行动迟缓。

自从我放弃了对他的要求，只管好自己的行为，我们彼此都在朝着好的方向发展。

在生活中，孩子写作业磨蹭、做事拖拉，不是天生就是这样的，而是父母抢了孩子的活，又拿自己和孩子比较，嫌弃孩子，放大孩子的行为，让孩子失去了兴趣。

即使在行为上，我们虽然没有替代孩子，但是我们已经在心里无数次地否定、指责孩子。心里有双手已经无数次地替代孩子的行为，只是我们自己不知道。

替代孩子的行为，孩子的事情成了我的事情。孩子能够感受到自己被替代、被嫌弃。所以，他的表现就是，你已经替代了我，我现在是帮你干，我就不积极，因为我现在干的事情，是在帮你干。

孩子帮我们起床，帮我们写作业，帮我们上学……

孩子觉得在帮我们大人，大人还嫌弃他们，孩子痛苦，大人更痛苦。父母在内在替代了孩子，外在就会嫌弃孩子。

我们用一个内在想象的好孩子，那个美好小孩，替代了当下我们的孩子，然后否定了我们的孩子，否定了这个有血有肉的生命！父母活在自己心中小孩的世界，指责着自己孩子的不足，孩子被疏离、被挑剔、被指责、被抱怨。

孩子似乎在呐喊："醒醒吧，妈妈！不要再抢我的活了，抢我的工作了，我是一个独立的个体，我有能力面对自己的一切。"

因此，请接纳生命中这个不完美的孩子，彼此不嫌弃，一同去经历生命四季的美好！

妈妈请放手

孩子说，明天要和同学去南京玩，我立刻表示支持。如果是以往，我肯定会担心他外出不安全。观念的改变，源自我前段时间留儿子一个人在家，外出参加一个社会组织的义工活动，让我看见了自己错误的模式和孩子的问题。

以前，我们经常给孩子零花钱，给得爽快，孩子花得也爽快，他对金钱没有概念。趁他这次去南京玩，我决定不再直接给他钱。我计划把原本要给他的钱，分解成了各种家庭游戏任务的奖励。既让他体验了生活，又让他有价值感。同样是给孩子钱，我在尝试学习如何运用金钱的价值。

一直以来，我认为是我在教育孩子。当来营地和孩子们在一起的时候，我才知道，是我的孩子一直在成就我、提升我。每次参加各种各样的活动，身体感觉很累但也快乐着，这种感受是只有体验过的人才能品味。

记得我第一次申请一个活动的义工，亲人知道后，他们用不屑的眼神看着我，不挣钱还倒贴钱，说我是神经病。但是，他们谁也无法知道，这几年我究竟收获了什么。我感恩这些孩子，感谢自己的一次次经历。

再次申请做义工老师，我比往年多了一份能力，就是觉察力。营地的生活，打造的就是一个微型社会。孩子在营地里付出、成长、努力、体现价值、经历挫折，共同感受着生命的喜怒哀乐。同时，孩子也暴露出自己在未来可能会出现的种种状态以及问题。

每个孩子都如同一面镜子，照见了自己的家庭模式，也让我看见我自己的家庭模式。看见有的孩子呈现出扭曲的样子，我的心里很痛。你可知道，父母之爱没有错，错的是我们用错方法，还自以为是爱！

孩子饿了，我们给衣服；孩子自卑了，我们在批评；孩子迷失了，我们在抱怨。当孩子在人生的低谷、迷途的时候，需要父母的时候，我们却正在伤害孩子。我们用自己的经历、自己的感受、自己的价值观、自己的需要，去评判和验证，去干涉孩子世界的对错，然后给孩子定性——孩子是对是错、好与不好，给孩子贴了一个个大大的标签。

殊不知，在教育孩子的过程中，我们经常犯错误。

有的家长在生活层面，让孩子衣来伸手、饭来张口，物质上一味地满足。在精神层面，又成了法官，用自己的认知、价值观、感受、阅历、经历去衡量、评判、指责、要求、验证孩子的世界的对错，让孩子失去自信。

教育的最高境界是让孩子成为自己，而我们正在干着让孩子成为我们的事，自己还不知道。

记得有一次参加北京的一个营，我组里的两个孩子就因为水土不服生病，一个呕吐，一个觉得脑袋不舒服。呕吐的孩子说：“我妈说，我没有关系，不用吃药，我只是难受，一会就好了。”我给他敷了一个热水袋，到了晚上果真好了。脑袋不舒服的孩子说：“我感觉不舒服，有点累，我好像要发烧了。我妈说我是过敏体质，蚊虫叮咬就会过敏、发烧，我是不是过敏了？”第二天，孩子真的过敏发烧了，而且来势凶猛。我和后勤组的老师第一时间把孩子送进医院检查，结果不是什么大问题。

孩子接二连三地生病，折腾得我有点疲惫。但是，孩子对待身体不舒服的反应模式，以及发展的结果，又让我似乎悟到了些什么。从此，我对心理暗示有了新的认知。妈妈的语言模式或语言暗示会影响孩子的感受，也会影响孩子的行为。但因为太忙，我没有时间去探索这里面的奥秘。

我打起百分之百的精神，投入营地生活，我自己的头也莫名其妙地疼痛不已。我试着调整自己，我想可能是节奏太快，身体太累，大脑供血不足了。快节奏的营地生活，让我没有时间去思考自己到底怎么了。

因为牵挂那个发烧的孩子，我凌晨四点多就醒了。虽然后勤组的老师晚上会关注，但我还是不放心自己带的孩子。我醒来的第一时间，便赶到孩子的宿舍，看到孩子的烧退了，过敏的症状已经消失了，我的心才轻松下来。回到房间，我已睡不着，感觉脑袋非常难受。难得有点自己的时间，我开始在床上打坐，在音乐声中我看见了自己心痛的根源，我哭了。

原来自己的心被分成了三份，家里一份，小组里一份，生病的孩子一份；孩子的生病牵动了我的潜意识的恐惧与不安，我心里的担心、恐惧被唤醒了。

我知道做事情必须全力以赴，但是压力、担心和恐惧消耗了我的精力，工作的快节奏也让我没有时间照顾自己。

营中孩子生病，营地节奏快，我的孩子脚受伤在家无人照顾，让我感觉力不从心。我面对的事情，都是我无法决定的，我在抗拒这些事情的发生，所以我的头疼痛不已。

看见我自己的不容易，我拥抱了自己的恐惧、担心，释放了自己压抑的情绪，我越来越轻松。

每次申请做义工老师，都能通过观察、帮助别人的孩子，来了解自己的孩子，来修复自己。

营地就是一个小社会，每一个组，就是组里孩子们的家。这些来自全国各地的不同家庭背景的孩子，呈现了千奇百怪的问题。而这些问题，恰恰反映了父母之爱的背后，有爱的误区。

在银川的一个营，一个孩子因为同组组员把营旗丢了，导致小组“破产”，他的情绪失控，甚至做出过激行为。组员间相互抱怨，什么样的状态都有。

这让我反思，在现实生活中，究竟是什么样的心理状态，促使过激行为的产生？

我反思，我们给了孩子最好的物质、最好的生活，却没有给孩子驾驭生活的能力。我们没有给孩子机会去体验生活的不如意。我们给了孩子好的一面，却忽略了教会他们承受不好的一面。我们总是担心孩子，替代孩子去经历。我们的担心、替代正在给孩子的未来埋下一个个坑，说不准哪一个坑，就埋葬了孩子的未来。

一次次的经历、感受，让我一次次地反省。妈妈，原来不是一声称呼，而是一份沉甸甸的责任、使命。妈妈不仅仅是要给孩子现在，而且要学习如何放手让孩子掌握自己的未来。

当我们有一天老了，孩子是否有能力驾驭自己的幸福，就是我们教育成败的体现，而不是现在考试分数的高低。

妈妈，不再是一个称呼，还需要一份放手的能力。放手，放心去相信、祝福孩子的幸福！

一张画的“事故”与故事

今天收拾房间时，一张纸从书中掉落了出来，我打开一看，是一张儿子幼儿园时画的画。

看着这张五彩斑斓的画，我百感交集。十七年啦！我和孩子之间的种种，就像放电影一样浮现在脑海。此刻，我清醒地看到了自己，看到了孩子。我也是无比庆幸自己走在学习成长的道路上，没有让爱标榜下的伤害延续。

一路走来，我很爱孩子，但是我的爱是建立在占有、控制的基础上的。一边我尽我所能为孩子付出一切，一边我又觉得自己付出后，孩子就应该按着我认为的方式成长！我期待孩子符合我的要求。

一直觉得，我为孩子付出一切，牺牲了很多，却没有看懂孩子是来成就我的，让我经历一次完整的生命成长过程。

以前，我眼中看见的是父母，被动经历了父母渐渐老去的过程。现在，我眼中看见的是孩子，正在通过孩子看见自己、了解自己，并验证自己爱的能力。可是生活中，多数父母是以付出者的身份，去要求孩子来完成自己的希望、期待，而不是尊重孩子生命本来的样子。我们剥夺并替代了孩子的成长，在不知不觉中，不停地伤害孩子。

看着儿子画的画，我第一次流下了眼泪。这是他画的一棵生命树。

儿子画的是一棵苹果树，树上结满了苹果，周围还细心地设了一个栅栏，栅栏处留了一个门，门上装了一把锁。当年，我觉得他画得挺好看，内心还有一点点的骄傲，我儿子画得真好。

但当老师告诉我这幅画背后呈现的是孩子的内心活动时，我的心像被扎了一下，很痛！

再看那幅画，画中的情景很熟悉。

在孩子还小的时候，爱人曾经在外地工作过一段时间。那时的我，是一个年轻的妈妈，自己还未足够成熟，胆子非常小。我们的家在郊区，房子前面是一片农田，到了晚上，家里的电灯一关，四周一片漆黑。特别是有风的夜晚，风吹着楼下的铁门，发出“叮叮当当”的响声，加上屋外传来“咿咿呀呀”的叫声，我就开始自己吓自己，总感觉家里有什么动静，并不断地放大自己的恐惧，想象着会有坏人进家门。

于是，每天晚上睡觉前，我都会和儿子一起干一件事，先仔细地锁门，然后把家里的啤酒瓶从一楼门口一直摆到上二楼的楼梯口。我想，只要有人开门，瓶子就会倒下，发出声音，在楼上的我们就会被吵醒。我被恐惧绑架，失去了理性。事实上，如要强行进门，只有拿切割机才能把铁门打开。

恐惧困扰自己，也影响到了孩子。那时孩子还小，刚刚上幼儿园，就那么小的一个小人儿，每天晚上上楼的第一件事情就是问我：“妈妈，门锁好了没有?”

那时的我还沾沾自喜，觉得儿子是个小男子汉，懂事，却不知道自己正在用自己的恐惧毁掉孩子的安全感，让本该无忧无虑的孩子，承担了不该承担的压力。

爸爸不在家，孩子得不到爸爸的保护，还要替代爸爸和妈妈相依为命，给妈妈依靠。孩子在爸爸妈妈那里没有得到安全感，他的内心是恐惧、不安全的，家给他的感觉是沉重、缺乏稳定的。

我是妈妈，但是我没有给到孩子一个妈妈应该有的温暖与安全感。我呈现给孩子的是一个胆小害怕、没有安全感的小女孩形象，而不是妈妈的形象。所以后来爱人回来的时候，儿子才会经常在爸爸面前说，妈妈有时就像一个小孩。

过去，我经常抱怨孩子脸紧绷着，有点严肃，却不知他的内心世界有一堵墙。在他还是孩子的时候，我欠他一个安全、让他绽放的家。孩子在那一刻是孩子，但他又担负起了一个男人需要承担的责任。

“妈妈，你门锁了没有?”这不应该是一个两周岁的孩子需要考虑的问题，我的孩子在那一刻承担了什么?！我曾经的无知，让我和孩子在潜意识里身份错位。孩子需要承担大人的角色，妈妈却扮演着孩子，我们都没有做好自己。

以前，老是感觉孩子不够尊重自己，我以为是因为自己做生意，不注重形象，却没有思考根源原来在这里，孩子需要一个妈妈，而不是一个孩子。孩子经常跟他爸爸说，你看妈妈就跟一个小孩一样！那时的我觉得郁闷，我觉得自己已经够成熟的了，为什么孩子还会觉得我幼稚呢?

原来是我在不知不觉中，给孩子造成了错觉，给孩子造成了现实与潜意识感觉的分离。在现实世界中，他知道我是妈妈，但在感觉世界，他有时感受到我是个孩子，还需要依靠他。因为有了前面的铺垫，孩子对我是不信服的，他觉得自己是大人，他觉得他比我懂得多。

当孩子开始叛逆时，我寻尽百方，希望能管好他，更希望用母亲的身份来压制他。可是，哪里有压制，哪里就有反抗。

当时我觉得都是孩子不好，所以我更加努力学习，希望用各种方式、方法来教育孩子，我从来没有想过，是我错了。

直到有一天，我明白了，学习不是强求别人，而是约束自己。孩子看不见自己，孩子只是通过父母的形象、父母的回应，感受自己。

教育，是生命影响生命的过程，而我，活在恐惧卑微的状态中，又如何去成就我的孩子？明白了这个道理，我开始了自己的成长之路。

在一次我和孩子都参加的父母沙龙中，人生第一次，我举手接过了话筒，并在孩子面前承诺："亲爱的儿子，从此刻开始，我要站上舞台，努力把自己变得自信，我要张开嘴巴去演讲，不怕丢人，我要用我的生命去点亮你的人生！"那一刻，我远远地看见儿子眼中闪着泪水，他冲上舞台，把我抱起来转了一圈，感动与幸福就在那一瞬间。

一路走来，我不是一个好妈妈，更谈不上是一个优秀的妈妈，但是我没有放弃自己、放弃孩子，我正在努力！

教育孩子，先要从改变自己开始，在陪伴孩子的过程中，我不断地挑战自己的自卑，让自己的生命活出自信。

当我不断地改变时，我和孩子之间的关系开始稳定。有一次高中开家长会，我准备回家换衣服。儿子竟然说："别换了，你这样挺好，我都不嫌弃你，你根本就不用在乎别人的眼光。"我们一起进校园，他和同学热情打招呼，还不忘介绍说，这是我妈，叫一声阿姨。儿子的举动让我好自豪。

教育，是用一盏点燃的灯，去点亮另一盏未燃的灯。

和孩子相处的过程，就是"事故"变成故事的过程，无论是"事故"还是故事，都是一份值得感恩的生命经历，感恩我的孩子，成就了我的生命，圆满了我的人生！

错位的父母，错位的孩子

周四、周五，儿子学校组织皖江名校联盟考试，开考时间是早晨八点。按我的想法，孩子应该早早起床吃饭，然后提前到达学校，但儿子不紧不慢，让我不能够接受。

在等待儿子下楼的过程中，眼睁睁看着时间从我的指缝间滑走，一分钟，两分钟……随着表上的时间不停地在跳动，我的心开始忐忑不安，纠结起来。这孩子，怎么还不下楼！快点下楼啊，再不下楼就要赶不上考试了！

忍不住按了几声喇叭，催促孩子下来。我一边懊恼自己的不淡定，一边抱怨孩子面对考试的不积极。他把时间点卡得死死的，为了节约时间，我就得在开车过程中专注、快速，要保证安全，不敢分一点神，我太难了。

终于下楼了，为了他考试不迟到，我把车开得飞快，精神高度集中，超车带给我的紧张感让我心里很窝火，觉得我在帮他，他自己还不积极。

第一天的考试时间和中小学的上学时间撞在一起，路过小学、中学的路段，非常拥堵。每一个红灯，每一个拥堵的车道，我都看见自己焦躁不安的心在跳动。我担心迟到，还好有惊无险，卡着时间点到达了。

今天，再次在楼下等待，我脑海里已经呈现出无数个画面，感觉儿子就要迟到了一样。脑袋里出现了想跟班主任沟通的想法，想请老师设定迟到惩罚制度。因为有一次，儿子没有参加班级的晚自习。但是，他还特地在班级晚自习过后，到学校打扫卫生。他跟我解释，不打扫卫生的结果是受到批评，滋味不好受。

此刻的我，其实就是想要替代老师做出决定。虽然外在没有显现出来，但是心里已经错位了。我想替代老师做出决定，希望老师按照我的想法惩罚孩子。

希望老师这样做，其实是潜意识对老师目前的制度没有信任。家长都有一种托付思想，我自己做不好，就希望老师来做。但同时又会觉得老师没有做好，没有一个能震慑到学生的班级制度，怎能让孩子每天积极上学？

因为孩子告诉我，他害怕受到老师批评，所以我就希望老师能够批评孩子，让他不要迟到。其实，这一连串的想法，都是我自己自编自演的过程。

自己无力，期待别人帮助，又抱怨别人没有能力帮助。我对老师有所期待，所以我对老师不满意；我对孩子有所期待，所以我对孩子不满意；我对父母有所期待，所以我对父母不满意。

其实，所有的期待背后，都是我对自己现状的不满意。

自己不相信，不敢、不愿意承担现在的责任，想寻找替代。

我问自己，你在害怕什么？答案是，害怕孩子迟到。

我问自己，迟到会怎么样？答案是，迟到，老师会批评孩子。

我问自己，老师批评孩子会怎么样？答案是，师生关系会被破坏。

我的脑海里就像放电影。儿子一路走来，他不是一个乖小孩，给老师增添很多的麻烦。我很自责，但是我也很无奈。

早晨，我在儿子还没有下楼的间隙，脑袋就已经开始用过去的模式胡思乱想了。自己没有办法，就把希望寄托在老师身上，期待老师，要求老师。其实，期待与要求，都是一种对目前状态的不满。也就是说，我对孩子不满意，我对老师不满意，我对我自己不满意。

我静下心来，告诉自己，我愿意承担迟到带来的所有后果，我相信每一件事情的发生对孩子都有所帮助，即使是迟到了，也是通过迟到在学习生命的智慧。我相信，出现在孩子的生命中的老师，就一定是最合适我孩子的老师。

我不断地给自己心理暗示。我们每做一件事情，都是因为需要才去做，哪怕微不足道，那也一定是生命经历过程中的需要，一切都是最好的安排。

当我不断地重复，不断地心理暗示，我安静了下来，孩子也并没有在很晚的时间下来，一切都是我多想了。

感谢今天的小插曲，让我进一步了解错位的含义。

原来，我们每一个人，都在不知不觉中错位了。经常听到这样的抱怨：孩子让自己很累，他人让自己很痛苦……

生活中，我们想要达到一个完美的状态，所以，经常会期待别人达到一个我认为的完美状态。当别人没有达到我所期待的状态时，我就会很生气。想要别人按照我的想法、我的认知、我的要求、我的思路来，这就是错位，就是管控别人，完成我的期待。

我们经常会看不惯孩子的行为、爱人的行为、父母的行为，是因为我们用自己内心的一个标准，当作标尺，衡量对方的行为是对是错。

但是，我们不是别人，我们不了解对方的经历，就觉得对方做得不对，这就是错位。

我们想管控别人的行为、思想、感受，我们就会将自己的思想、感受与行为强加给对方。

很多的时候，我们抱怨父母、抱怨爱人、抱怨孩子，都是因为自己的错位，是一种控制别人、要求别人、改变别人却没有成功所带来的情绪。

别人不是我，他们没有我的经历、感受、思想，就不可能有完全符合我、让我认可的行为。

别人没有按照我的想法、我的要求、我的期待去行事，我就单方面评判对方做得不够好。

我们和孩子相处会出现以下几种模式，证明我们错位的状态。

1. 讨好型：掩藏自己的真实想法，用对方需要的方式，绑架对方的行为，达成自己的目的，满足自己的需要。

2. 唠叨型：我期待别人成为我希望的样子，希望对方的行为能够满足我的期待。但是，对方并没有按照我的期待发展，所以我很失落，于是我开始说道对方的不是。

3. 厌恶型：我想要控制对方的行为，但是对方抗拒我，让我感觉很失败，也特别委屈。同时，对方控制了我的一言一行，让我不能做自己。我嫌弃我不够好，所以我就厌恶对方，觉得对方不够好。

4. 打骂型：因为对方一直不按我期待的去改变，反而想要挑战我的地位，所以我很气愤，于是手、脚、嘴同时启动，开始打骂。

5. 欺骗型：别人替代了我，但因为我很弱，无法自保，所以需要通过说谎来掩藏自己。

6. 委屈型：想要对方成为自己的依靠，但对方无视我的需要，并且嫌弃我不够好。因为自己没有能成功干涉到对方的生活、行为而委屈。

7. 委曲求全型：对方替代了我，我不能够做自己，我必须迎合别人，以求自保。

8. 指责、嫌弃型：替代了别人，还觉得对方没有达到自己的要求，做得不够好。

9. 比较型：替代了自己家人，又看见别人，觉得自己家的不如别人家的，失望、掉面子。

10. 替代、溺爱型：是替代成功的一种表现，对方完全按照自己的认知在生活。

生活中，我们扮演无数个角色，并且经常错位，角色混乱，不知道自己是谁。

彼此不在其位，情绪相互交织，分不清谁是谁。

母不像母，子不像子，家长不像家长，孩子不成孩子，都想干预对方，都想期待对方，都想要求对方、改正对方。

这时候，我们都不在自己的位置，都已经错位到了对方的位置，并想告诉对方怎么做。

错其位，自当担其责，受其罪，受其惑，和对方不分彼此，搅和在一起。

哀其哀，乐其乐，怨其怨，情绪互相影响。

对方动，我就动，自我已做不了主。

在生活中，我们想要告诉对方他错了，潜意识就是认为对方做得不够好，没有能力，就是在指责对方，不相信对方。

没有谁愿意被别人改变。

告诉对方没有做到的地方，其实是自己没有达到完美，期待对方能够做好，成为自己的靠山，来弥补自己的不完美。

花儿从来不问树长得有多高，它只是负责破土绽放，用自己的美丽装点这个世界。孩子的成长也是一样，萌芽、长成花骨朵、绽放花朵、收获果子。每一个过程都是合理的需要。

我们往往太想看见那个果子，所以按捺不住等待的心，想要左右孩子生长的周期。我们往往急功近利，喜欢拔苗助长，容不得孩子犯错误。其实，我们自己也是在错误中长大的，错误是正确的老师。所以，发生没有对错，只是在提醒我们，告诉我们，让我们更好地做自己，更好地觉醒自己，看见自己。

与其怨声载道，不如学习坦然自若地面对生活，感恩孩子，感恩老师。每天提醒自己，我在位吗？我是否错位了？

方向不对，努力白费

在做生意的那些年，我认为我很爱孩子，我认为，爱就是要给孩子最好的物质条件。我把我小时候物质的匮乏，弥补给了孩子，我吃了苦，就不要让孩子吃苦。

当市区第一个人民广场建起来，我就从义乌带回了一架模型飞机，给儿子带到广场玩。整个广场的小朋友，都疯狂地追在他后面跑。几百块钱的飞机，玩了十几分钟就坠落、摔坏了，我没有一句怨言。后来能变形的机器人、汽车，各种各样的刚刚流行的玩具，我一定会买回来，这些都是我们当地买不到的。

我自己可以省吃俭用，但是，只要给儿子买东西，从来就没有不舍得。我认为我给了孩子全部的爱，我的孩子和我的距离却越来越远。我很委屈，也很苦恼，我觉得自己做得已经够好的了，为什么他还要这样对我？一定是孩子不懂事、不孝顺，一定是孩子的错！

直到有一天，儿子拒绝我参加他的家长会，我才在受伤的世界里看见一个卑微的自己。我呈现给孩子一个卑微的世界，我希望孩子出人头地，为我赢得尊严。一个卑微的母亲，如何撑得起孩子的尊严？

尽管我给了他物质上的满足，但是我却给不了他生命的尊严。后来我成了家庭主妇，我在孩子心目中的地位，更是一落千丈。为了改变这种情况，我开始努力做自己。

刚开始，当我告诉他我在写简书时，他说：“你初中都没有毕业，写了谁看？”不屑的语气，言下之意是：你吹吧！当时我有点受伤，开弓没有回头箭，我只有对自己有信心，才能够影响他。坚持，坚持，再坚持！坚持不下去了，依然在坚持！

当我一次次地让他提取大家给我打赏的红包时，他用怀疑的眼光说：“是不是你让我爸用别人的手机给你打赏的？你们在哄小孩，你不用骗我，搞这一套干嘛？”一次，两次，我把阅读量截图给他看，他开始半信半疑。当越来越多的打赏都来源于陌生的不同的号码时，他慢慢地开始相信他妈妈写的东西真的是有人看了。

再后来，有人给我的文章点评，我也会截图发给儿子。我对儿子说：“快看，这是别人给我的反馈，你老妈我又帮助到别人啦！”每一次，父母课堂收到的小礼物，我也会大张旗鼓地说：“看，某某阿姨给你送的礼物，感谢你老妈对她们的帮助。”

爱人也会把别人对我表示欣赏的话，截图发给儿子看，并经常跟儿子说，我们家即将诞生一位女作家。我们在一起努力塑造一个美好的妈妈形象。

孩子从一开始的不屑，到慢慢地接受、相信并开始鼓励我好好干。我用一种新的姿态，走进了儿子的世界。

当我报考心理咨询师的时候，儿子也是用一种不相信的态度观望！我自己知道，考不考并不重要。但是，我的努力对儿子的影响非常的重要。面对新的知识，我焦头烂额。我打过退堂鼓，最终还是求助了儿子。儿子分享他学习的技巧，让我到户外去看书，以及告诉我如何刷题等。他鼓励我，努力就好，不要太在意结果，让我非常感动！

自己经历过，才知道学习不容易，我能够理解孩子了，而不是像往常一样，高高在上，觉得自己辛苦，孩子不努力，觉得学习是一件很简单的事情，对孩子指手画脚。我对孩子，多了一份耐心。

直到考试结束，我拿到证书，儿子给我庆贺，用自己的零花钱请我吃饭。我又用另外一个身份进入了孩子的世界。

进入高三，我开始想要更深地进入他的世界，了解他的世界。

我和他商量，说："你看，每天都有家长给孩子送饭，你能不能也让我体验一下妈妈送饭的感觉。要不然，我都没有体验家有考生的感觉。"他虽然嘴上答应，但是推脱了很长一段时间，直到我们把饭盒买回来，他才给了我送饭的机会。

送饭时，看见很多的家长在校门口守候，我在思考，如何在送饭中，让孩子既获得身体的需要，又满足精神的需要。我想要让孩子吃的不仅仅是饭，满足机体的需要，我更加希望，通过我的努力，孩子能吃出妈妈的感觉来。

万事开头难，为了让他爱上妈妈的饭，我投其所好，做孩子们爱吃的口味，让他带去和同学分享，从同学那里提升我的地位，又能够通过分享，让他快乐。

同学都爱上了我做的饭菜，跟他打听："你妈妈在哪里买的菜，很好吃，我让我妈也买一点。"儿子骄傲地说："你买不到，那是我妈自己做的。"

每天都多做一点，让他带去分享，感受同学一起"抢食"的快乐。同学爱他妈妈的美食，也让他赚足了面子。

儿子对妈妈的认可度越来越高，他愿意骑车带我去开家长会，原来，陪伴孩子不是盯着孩子的世界，而是努力让自己走进孩子的世界，让孩子欣赏妈妈，相信妈妈，爱妈妈。

第三章

亲子共建

孩子的眼睛看不见自己，他正在透过父母的样子、状态感受自己；正在通过父母的回应方式看待自己。

孩子和父母互动的方式，就是孩子未来的归属感、安全感、价值观、幸福观。

孩子的成长，是站在妈妈的肩膀上的

开学后的前两周，我感觉儿子只是为了学而学，无力又被动，身体呈现出疲累的状态。看着孩子的样子，感觉心疼，却不知道应该怎么帮助孩子！

于是，我不断地逼迫自己调整状态。

这期间，我自己也迷茫无助，也会跌到孤立无援的深渊，偶尔还会和孩子磕磕碰碰。我把每一次的磕碰，都当作反省、修正的机会，检验自己是哪里做错了。那次，我终于找到了帮助儿子的机会。

那天儿子在学校和同学掰手腕，觉得很开心，晚上回家后，他要和我比赛。初二上学期，我们俩经常比赛，刚开始他败，败了几次，我慢慢放水，让他赢，渐渐地他真的赢了，并且让我半只手，我都无法战胜他。每一次战胜我，他都非常地开心。

今天他又想挑战我，我连续胜三局。他没有想到自己败得这么惨，有点震惊。我顺便撩逗他："没有永远的赢家，只有坚持的老妈！"儿子说了一句："看样子，不努力还真的不行。"

这周，感觉孩子的状态有些细微的变化，那一种被拖着走的状态在改变，慢慢由外向内地在发展，精气神在逐渐提升。

周末晚上，我们俩又比赛掰手腕，这次我失败了。面对我的失败，他有点不相信自己，我也有点惊讶他的反超。我们俩又比试了两次，他把我的手捏得紫红，疼得我龇牙咧嘴地叫。

看着失败的我，他拍拍我的手，自信满满地对我说：“我开始写作业，你继续去静坐。”他嘚瑟的语调中带着一份自豪。我没说话，却很开心！妈妈的示弱给予孩子自信的力量，当孩子站在妈妈的肩膀上，在走他自己的人生路时，就有面对困难的力量。

此刻的我很感动，为自己，也为孩子。这也许就是儿子经常说的，我们家很温暖。

我反思总结：当彼此不在一个频道时，你给孩子再好的东西，孩子都无法接收到、感受到，讲得越多，孩子就越烦。

如果孩子内心不想努力学习，却又被要求努力学习，就会痛苦。而痛苦是学习的阻力，心中痛苦，学习更苦。只有我们把自己和孩子调到同一个频道，让孩子从我们身上获得自信、价值，孩子才会自律，才能主动去学习，教育就在与孩子互动的每一个过程中。

感觉好，心情才能好

中午吃饭，儿子看着桌上的饭菜，说："搞得怪有情调的嘛！"我心里偷着乐，饭菜还是那个饭菜，我只是调整了他的座位方向而已，感觉就不一样！

最近这几年，我的左耳偶尔会疼痛，左脑袋被神经扯得酸胀难受。曾经我也去推拿过，治疗过，但是反反复复。我一直认为是做生意时，冬天骑车着凉所致，所以特别小心保护耳朵，不让它着凉。

最近看到一个心理学家分享的案例——身体知道答案，情绪可以引发疼痛，这引起了我的好奇心。于是，我尝试把注意力放到耳朵上，专注它的感受。我脑海里呈现出的画面，让我哭笑不得。

第一次集中注意力在耳朵上时，脑海里浮现的是儿子的喋喋不休，说我做的饭不好吃，充满着嫌弃，我感觉很烦，想要逃离。这日复一日的烦，让我恼羞成怒，想要揍儿子，但是被自己的理性压制，没有付诸行动。当我感受到这种被压制的情绪，泪水止不住地流了下来，心疼自己的不容易。

我是妈妈，却不知道怎么做一个合格的妈妈。每天很辛苦地为儿子付出，照顾他的起居生活。因为知道自己的身份是妈妈，也知道自己的责任义务，所以我用自己的知道，压制了自己的情绪。即使每一次做的饭菜都被儿子用语言否定，我却依然在坚持。坚持的背后，承载着无数的委屈、迷茫，我渴望依靠。但是，又因为我知道自己的身份是妈妈，所以选择忍耐、包容。

从儿子小学到初三，为了方便他上学，我们在学校附近租房子住。租住的房子不太宽敞，不能够满足我们对于舒适生活的需要。用餐的地方很小，地方不够开阔，三角形坐法，儿子在我的左边，爱人和我面对面，坐着的时候感觉很憋屈。

儿子经常会在上餐桌时，说我烧的饭菜不好吃。有时候我发现，他根本没有尝味道，就已开始唠叨。事后看到我难受，他也跟我解释，是因为在学校有情绪、压力，不知道怎么化解，所以才会说饭菜不好吃；也因为他知道妈妈爱他、包容他，且不会把他怎么样，所以他才把矛头指向我，把我当作了情绪出口。

理性让我知道我是妈妈，我可以承载孩子的情绪，但潜意识里这种不愉快的感觉让我烦躁。毕竟谁都不喜欢被别人埋怨，何况我真的已经很努力了！随着时间的推移，抱怨不断地积累，耳朵早已听得不乐意了。耳朵因为烦，所以开始抗议！我却一直忽略它的感受，反而嫌弃它不好，还找了一个合理的借口——耳朵生病了。

今天，当我分辨出耳朵的感受，体验了耳朵的情绪，感觉轻松了很多，它对身体的控制在减弱。原来身体真的知道答案。

为了测试它是不是真的改善了，我决定出去感受一下，因为我的耳朵对温度非常敏感，看看吹冷风还会不会疼。

晚上刮着风，很冷。我没有戴耳捂，在寒风中走了半个小时，耳朵也没有疼。以前，这样一冻，它早就有反应了，这次的体验让我觉得十分有意思。

耳朵这件事，提醒我在意用餐时的感觉。在爱人到外地工作的那段时间，吃饭带给我的感觉是孤寂。我很好奇自己脑海里的画面，竟然没有和我一起用餐的儿子，为什么看不见儿子？我突然明白，对面的那张空椅子引发了我孤寂的情绪。很惭愧，这么多年来，我不懂家里物件的摆设竟然影响着我的感觉，也在影响孩子。

儿子用餐的座位对面是一堵墙，我试着坐上这个位子，感觉很压抑，墙壁的冰冷覆盖了菜的温度。所以，当孩子在学校有情绪，回家吃饭还要面对没有温度的墙壁时，他就会把情绪投射到菜上面去，投射到我的身上去。

现在，我终于知道家庭氛围的重要性。于是开始布置家里的格局，把餐桌椅的位置调整了一下，并在桌上放了一盆花。今天早餐时，儿子就和我面对面坐。午餐时间，“情调”这个词就从他的嘴巴里冒了出来。可见他的感觉在改变，潜意识的画面也正在改变，感恩这份改变！

虽然，我并没有完全驾驭自己的感觉，但我庆幸自己已经踏上探索之路，感恩发现，感谢自己迈出的这一步，我在路上！

理发情结

放学后，儿子对我说要去五中那边理个发。我立刻觉察到心里有点不舒服，双休日不理发，现在理发，这不是耽误晚上学习的时间吗？何况，我在小区附近的理发店已经办了卡，就是为了方便他们父子俩，省时又省钱。他竟然要去那么远的地方理发，真搞不明白他的逻辑！

虽然我的心里不舒服、不认同，但我知道，孩子当下的要求一定有他的感受与需要，只是我现在无法理解而已。无法理解，就更无法共情。当我不懂的时候，我认为的对也不一定是对，也就无法引导，否则就是用我的感受去要求他服从。所以，当下我尊重他的选择。但我又无法忽视自己的情绪，所以我没下车，独自坐在车上，不耐烦地等待着，只是心依然在孩子的身上，眼睛也在关注着。

我觉察到自己有好几次想下车去告诉理发师，把儿子的头发前面剪短一点，念头闪过，身体也想跟着动，都被自己压制了下来。静静地开始觉察自己，那一刻，我看见了我对孩子的行为是不接受和抗拒的！

我看见了我对理发师有怨气，把对孩子的火转嫁给理发师，指责、抱怨他给孩子下了套，不然孩子干嘛到这么远的地方来理发。

静静地透过车窗，去看理发师和儿子，那个令我纠结的画面。我努力把自己融入画面中。慢慢地，我感受到了一种温暖滑过心头。理发师是一个中年男子，他很专注、很用心、很温柔地在给儿子理着发，儿子很享受这种温柔。此刻他们俩的世界是浑然一体的，是很融洽的美好画面。

忽然，我的心里一酸！原来儿子在透过理发，寻找被爱、被呵护、被温柔以待的感觉。当读懂这种感受，并体会这种感受，我感动，也很惭愧！

我们小区附近的理发师都是年轻的小伙子，每一次去，都看见他们在玩手机。他们给人的感觉是浮躁的，理发速度也非常快，儿子应该是不想面对这样的氛围。

而我，为了图方便，从来没有想过，理发会给孩子带来什么样的感受！

此刻，我感受到，也许孩子不单单是在理发。面对高考的压力，他是需要爸爸的安抚的，他想通过理发师的手获得父亲般的抚摸和温柔。虽然他嘴上从来都说不想爸爸，但是我能感受到他非常地在乎爸爸！感谢理发师，用别样的温柔，温暖我的孩子，也给我上了一课。

儿子上车，我立刻给他一个大大的微笑，顺便说了句："哇，你整个人的状态都不一样了，让我感觉特别舒服。"儿子回应我："整个晚上的状态都特别好！"

理发，我看见的是现象，所以我添加了自我判断。想把我自己的认知、感受强加于儿子，符合我的标准就是对，不符合我的标准就是错。我活在了应该或者不应该的世界，却忽略孩子内心的需要和感受。儿子则是活在当下的感觉中，他在通过理发满足内在和外在的需求。

绕道半边城，只为那一缕温柔，让我知道凡事都要透过现象看本质。父母面对孩子的行为，要轻判事情、慎断对错，感谢理发带来的成长！

活在柴米油盐的日子里

儿子放学回家，猫咪一看见他就躲着跑。他问我：“小猫为什么看见我就跑?”我回复他：“你给他的爱少了!”儿子说：“那我躲你，也是你给我的爱太少了?”我们娘俩不经意间的对话，引起了我的深思。

的确，我不知道该如何做个高中生的妈妈，也不知道我每天呈现给孩子的是一个什么样的妈妈！我不知道我到底是一个什么样的人！没有人告诉我应该怎么做，不应该怎么做。我的做事方式是在原生家庭那里习得的。

儿子的话，让我想要进一步探索自己是怎么做妈妈的。为了了解自己，第二天，我对自己的行为进行观察、记录。

早上闹铃一响，眼睛还没有睁开，感觉到身体不想起床，懒洋洋的，但意识非常明晰地发出起床的指令——“你是妈妈”。最终妈妈的责任心战胜了惰性，我爬起来坐了一会，又躺下，伸了个懒腰，起床。起床的感觉是不情不愿、没有办法的，我被妈妈的身份强迫起了床。

我开始整理床铺，不再像往常一样，被子一掀匆忙下床。我不断地告诉自己，静下心来，只做好当下手中的事情。于是，我看见自己平心静气地在整理床铺，并感受到被子的温柔与温度，内心泛起暖暖的感觉。

接着例行早课——朗读，发现自己在朗读的过程中跑神了，一会儿在想早上给儿子做什么早餐、我自己吃什么？一会儿又想等下要买什么菜？人在朗读，心神却早已跑了，不断飘过来的思绪已经把意识带走了，只剩下嘴巴和眼睛在无意识地诵读。

脑袋里的念头飘来飘去、不断重复，就像在放电影。嘴巴、脑袋、心神，各干各的事情，好奇怪的自己。嘴巴在读，眼睛已不想看，心也感觉不耐烦，身体想要站起来，脑袋在思考吃什么。我安静地感受着自己，观察着自己。

继续坚持做一个监督者，把想起身的自己控制在那里，继续朗读。当我读到“没有命运，只有创造，创造生命的喜悦、美好和神奇！命运是一个个选择连接起来的轨迹，命运是不断创造累积起来的总和”时，我的心又一次被撞了一下，我看见了自己的无序与混乱。我每天都在干什么？每天都在做事情，但我在对抗我所做的所有事情，并选择用委屈、愤怒、抱怨、不接受、不开心、烦躁的情绪在做。

每一天都能够感受到心神不定，念头一起，心立刻附和；一件事还没有做完，又想着另一件事，把见异思迁表现得淋漓尽致。

手里干着一件事情的同时，心里装着无数件事情，念头不知道飘去了哪里。手拿着扫把扫地，念头已飞到洗碗上了，又在想去买菜的事。念头一飞，心就不耐烦，手就开始急躁，感觉自己做事太慢。事情一件压着一件，觉察到自己被事情追赶着、压迫着，烦躁不安。

每天早晨一睁开眼，我就在创造烦恼等负面情绪。我把自己放在一个被迫干活、不甘心的状态，觉得周围的人都亏欠我，他们不帮助我、不认可我。身体是不情愿且被动的，内心是委屈且不开心的，我的一天就在不知不觉中丢失了快乐。

一个不快乐的人，怎么可能是一个快乐的妈妈，怎么可能带给孩子快乐与幸福？我不应该这样，但是我又不知道我应该怎样。迷茫中，潜意识里是对家庭琐事的不屑与不接纳。

不接纳当下，对未来又没有方向感，现实让我没别的选择，于是我经常迷茫。一个活在迷茫中的妈妈，一个不快乐的妈妈，如何让孩子幸福？

觉察到这个点，我愧疚万分。猫咪逃避孩子，因为孩子没有耐心照顾猫咪的感受；孩子逃避妈妈，因为妈妈没有耐心照顾孩子的感受。妈妈活在自己的感受中，忽略了孩子的感受。妈妈没有做好自己，没有给孩子一个快乐的妈妈。我很惭愧！

送孩子上学后，我开始观察自己、反省自己。我看见自己的惯性模式，原来自己待在家里，没有安全感、价值感，感觉被嫌弃，又心生愧疚感，局促不安。

我看见了一个迷茫无助的自己，一个对当下不确定的自己。一个自我迷失的妈妈，如何给孩子真正的关怀？告诉自己，你很好，谢谢你给了孩子一个家，谢谢你用这种方式支持爱人，让爱人无后顾之忧。拥抱自己的迷茫与无助，泪水冲刷着我的眼眶。

回首过去，我看见无力又无助的自己。我不能再停留在过去的感受中，该让自己回归，该去抚平那时的伤痕，化解那时的情绪。拥抱自己，告诉自己："你是被爱的！你是被祝福的！你的存在就是对儿子和爱人的馈赠。你很重要！你值得拥有幸福生活！你的安好决定家庭的稳定，你的幸福就是家庭的幸福！你所面临的问题，只是你的课题，你可以解决它！"我不断地给自己心理暗示：我可以选择创造自己的生活，从现在开始，学习创造、经营幸福、喜悦的生活。

扫地时告诉自己："扫地很重要，扫地就是扫心，家里干净了，孩子不生病，家庭就幸福。"于是，感觉很有成就感，不再像以前那样，总是感觉地脏，每天都得扫，扫得心烦。

扫完地，我又开心地拖着地，小猫跟着拖把跑来跑去，让我仿佛回到了儿子小时候的时光，每次拖地，他都要站在拖把上，让我拖着跑。此时，我感觉到非常温暖与幸福。

做饭时，带着觉知，去选择创造美味与美好。切菜、做饭，每一道程序都努力带着觉知，念头跑了就拉回来，心烦了就立刻调整。

学习做小点心，反反复复做不好，看见自己学得有点不耐烦，立刻关注内心，让其平静下来。直到儿子中午放学，我送给他一个带着觉知的快乐妈妈，儿子享受的是平静快乐的午餐。

给自己定下目标，做家庭主妇，和柴米油盐对话的日子，学会选择创造喜悦、快乐、幸福。做一个让自己快乐，并能给别人带来快乐的幸福女人。

努力把自己变成生活的专家，做美食开心专家、养生开心专家、心理开心专家、沟通开心专家、美好关系开心专家。

曾经我混在柴米油盐的日子里，今天我活在柴米油盐的日子里。让幸福的美好，从经营柴米油盐开始。

融化在你此刻的温柔中

中午放学回家的路上，儿子问我："你的嘴巴怎么了？为什么破了，还流了血？"我说："没事，我和猫咪玩的时候，被衣服拉链刮了一下。"他立刻说："是不是猫咪抓的？"我说："放心吧，不是的。"他说："没事就好。"然后把手放在我头上，温柔地抚摸着我的后脑勺。

开着车，后脑勺感受到儿子带给我的温度与温柔，心里是暖暖的感动，眼眶有点湿润。自己都有点不好意思，好好的为什么会有想流泪的感觉？

我发现，原来自己所有的坚强，只是缘于没有可以让自己温柔下来的理由。不是我不需要温柔，只是没有谁能给我温柔。

儿子的温柔，让我看见了自己的弱小，还有被爱的渴望，以及被爱的幸福。自己爱孩子的同时，也期望孩子爱我，只是平时孩子忙于学习，顾不上我。我觉得得到儿子的爱是不可能的，便把对爱的需要压在心里，并没有指望孩子回应，也没有指望孩子能给我多少温柔。

现在，他给了我意外的关爱与温柔，心被感动而融化，所有的苦都化作了甘甜，只为此刻美妙的感觉。

原来，我的一个动作发芽了。每天，我送孩子到学校门口，在孩子下车前，他会跟我说一句："我走了哦！"此刻，我会把手放在他的后背，或者后脑勺，抚摸几下，说一句："祝福！"刚开始，我刻意，他反对。渐渐地，成了彼此间的习惯，成了爱的表达方式。

曾经，我认为自己做的是无用功，不知道有没有效果，反正没有副作用，那就坚持吧。今天，不仅仅是我认为的无用功发芽了，还惠及到了我自己，可喜可贺，感恩自己的坚持！

细心品味我和孩子在一起的每一个细节，原来爱就在一个个被我们忽略的动作中。此刻，我放下所有，只愿融化在你此刻的温柔中，我也愿意成为孩子的温柔。

一碗麻辣烫的温度

今天晚自习放学后，儿子说："老妈，请我吃点东西吧！我有点饿，我想吃麻辣烫。"我立刻回应："好，麻辣烫热乎又好吃。"他很开心，然后跟我分享，今天晚上他们八个同学挤在仅剩的一张四人座位，吃花甲和米线的笑话。

到了小吃街，他去买麻辣烫，回来的时候，他居然还给我带了一份全素麻辣烫，让我感受到来自孩子的关心与爱。

我开着车，他吃着麻辣烫，不时还给我的嘴里塞一块。我肯定地说："嗯，好吃，谢谢！"听着他叽叽喳喳地一路说到家，是一种幸福。

在和孩子相处的日子，我努力地学习接纳、尊重、感受孩子的行为。

记得以前，孩子只要跟我说，他想吃路边摊，我就会拿出无数个道理说服他，垃圾食品、不卫生、没有营养等。即便让孩子吃了，他也吃得很不开心。

以前的我，如果知道他晚上不在学校吃饭，而是跑到校外吃，那肯定会抱怨他不遵守规则，告诫他不可以在外面吃。但那样的后果是，孩子依旧会背着我去吃，不让我知道。

我不喜欢吃麻辣烫，以前的我肯定会说，为什么给我买，我晚饭都吃过了，又不饿，你浪费钱。长此以往，孩子会很不开心，以后也不会再给我买东西了。

我觉察到，怕浪费食物的另一面，是辜负孩子的感受，辜负孩子对我的关心。以前我犯过这种错误，给孩子种下了一个念头——给我买东西就是浪费。因此，不是孩子不孝顺，而是我曾经剥夺了孩子孝顺的动力。在生活中，我经常犯这种低级错误。以前爱人给我买东西，我也会有这种想法和语言。我不接受对方表达爱的行为，让爱我的人无法将爱传递给我。

我自私地用我认为的需要和认知伤害了爱我的人，也忽略了他们的感受。我不开心，他们也不开心，两败俱伤。孩子偶尔在晚自习后吃点小吃，也是一种放松。和同学挤在一起吃饭，他们吃的是同学情，是一种抱团带来的开心。给我买麻辣烫，那是孩子心中有我，心中有爱，说明我的孩子是个善良的人。吃和不吃，我都是被爱的！除了感恩，还有什么值得我抱怨的呢？

当我不再执着于表象和对错时，心中就没有了该还是不该，快乐也越来越多。

随着时间的推移，我一路反思，一路改变。体验到，幸福不在未来，幸福就在当下彼此的接纳中，让爱流通起来，温暖彼此。这个世界所有的人、事、物，都在用自己的方式爱着我们。只是我们看不见、看不懂。总认为那是别人的风景、别人的事情，而我们所有的生活又如何能够离开一切万物？我们共同存在，彼此帮助，才成就了我们的幸福生活。

生活就是一门课，孩子也是我的老师。当我看不见美的时候，我在学习发现；当我看不懂行为的时候，我在学习尊重；当我感受不到爱的时候，我在学习感恩！

幸福，因为我们彼此的存在而存在着，只是我们缺少了发现、尊重和感恩的心。在这寒冷的冬天，儿子用一碗麻辣烫，给了我们彼此温暖！

幸福如此简单，就在一碗麻辣烫中！

考试迟到的疯狂

早晨，我叫儿子起床，他迷迷糊糊地问我几点了，我说七点二十分。他猛地坐起来，说：“我不是跟你说七点二十分考试的吗?!”我一听，蒙了！回复他：“你不是说老时间吗？昨天考试是八点半到校，我问你，你说老时间。”他生气地说：“我回答的是平时上学的老时间，而你认为是考试的老时间。”我们都活在自己的世界，认为别人懂自己。

我们俩情绪都很急躁，拌了几句嘴。我感觉到自己的焦虑，想赶紧挽救。于是，我一路狂奔到车库，又一路加速开车到学校。

在路上，我们俩又争吵了几句，他说我的不对，我说他的不是，我们俩都不愿意承担这份责任。

他很生气，说要下车，不去参加考试了，又说，要是考化学，肯定完了，如果考历史还好一点。看着他焦躁不安，我的心也七上八下。最终我们都忍住了，到学校门口，他一下车就一路狂跑进了学校。

在回家途中，我检讨自己。无论谁对谁错，事情都已经发生。孩子着急，说明他在乎考试。我不应该站在自己的角度推卸责任，我没有了解并感受他的心情。整个早晨，我开的不是车，是情绪，是急躁。虽然我相信凡事发生，必有收获，但是我不知道自己的收获在哪里。

我告诉自己，我愿意接受，并承担今天的任何后果，无论孩子考试考得如何，我都愿意和他一起去面对。想到这里，我感觉自己的心平静了下来，情绪已经不在，心也不再纠结，变得坦然。回到家，该干啥就干啥，不再把早晨发生的事情放在心里。

不一会儿，物业给我打来电话，说我的车子出了问题，让我赶紧到车库。原来，我在匆忙中擦碰到了右边停着的车子，对方抱怨我，碰到他的车子也不说一声。

说真的，今天早晨我满脑子都是迟到了怎么办，根本就不知道车辆有擦碰。我说我真的不知道，但是我也无法解释清楚，因为别人不是我，他们无法理解我那一刻的感受。被别人误解，被说不负责任、逃避责任，我有点难受，但是这确实是我的过错。我坦然配合对方，愿意承担责任，问他需要我怎么做。好在对方也是通情达理之人，我们谈好解决的方案，了结了这件事。

回家的路上，我自我反思。原来，事情只是事情，它本身不会伤害我们，但对待事情的态度却会。我们不因此产生情绪，事情就都在可控的范围内，不会放大。

如果今天早晨，我和儿子继续争吵，儿子吵烦了，很可能就不去考试，也许情绪激动会发生更严重的事。迟到只会影响一门课，不考就会影响几门课。迟到比不考要强得多了。

如果今天早晨，我不压住情绪，我的火气会更大，也许我带着火气上路，说不定会出现危险。车辆擦碰事情比较小，出现危险就是大事情，值得庆幸。念头一转，我竟然赚到了，自己成长了。

面对事情的发生，我们带着积极的心态，愿意承担，事情便不会演变成事件，永远在可控制的范围。如果事情发生时，我们添加了彼此的情绪，事情就演变成了事故，甚至可能演变成灾难。

想通了，内心轻松愉快，我对儿子的考试充满信心。

中午接儿子，看他情绪蛮好，我没有问，他就自己跟我说，第一节考历史，影响不大，时间还是够的。

吃饭时，儿子问：“今天为什么荤菜多，素菜少，你吃啥？”我说：“我为今天早晨的情绪跟你道歉。”他说：“又没有影响到，我也有不对的地方，下次你多弄点你喜欢吃的菜。”

我和孩子都在成长，事情在刚刚被注入情绪时，我们都及时“刹车”，没有再让情绪放大，让事情发酵、放大。所以，事情便停止，停止便会过去，会朝着好的方向发展，最终成为一道风景。

今天再大的事，到了明天就是小事；今年再大的事，到了明年就是故事。

在生活、工作中，遇到不顺的事，对自己说一声：今天会过去，明天会到来，新的一天会开始。

没有情绪的事情，永远只是小事情。

火辣辣的痛，原来也是爱的方式

晚自习放学后，孩子说："老妈，我有点饿，想吃点东西。"我说："好啊，饿说明你的体质好，消耗得快，想吃什么，自己决定。"车停在夜市旁，我在车里等待，他自己去采购吃的了。

一会儿，他带回一份臭豆腐和一份炒饭，"老妈，这家臭豆腐很好吃，你尝尝"。他一边说一边往我嘴里塞了一块臭豆腐，我立马感觉嘴巴火辣辣地痛。

前几天嘴巴上火，嘴唇破了一点皮。嘴巴被塞满，辣的滋味裹上痛的滋味，让我不知道此时到底是啥滋味。虽然痛，但我还没有忘记夸夸他："嗯，味道的确不一般，美食家选的就是好吃。"还没有说完，第二块又塞进我的嘴巴。

原来，欣赏别人是能够得到好处的，为了让嘴巴好受一点，我狼吞虎咽。

他不停地往我嘴里塞，我们俩不停地夸臭豆腐好吃，最后我吃得比他多。虽然他吃得少，但是我能感受到他是开心的。

此刻美食转化成了彼此的开心，升华成孩子心中幸福与成长的动力。我的爱，孩子的爱，我们彼此的爱，包围着我们。

无比庆幸自己的学习，因为自己的成长，让我没有活在自己的价值观、认知和感觉中。我不再用我的感受替代他的感受，而是接纳孩子晚自习后肚子饿的需要及感受。

曾经的我并不是这样，我多数是活在自己的认知中，当孩子有需要的时候，我的第一反应是说教："晚上吃东西不好！家里有吃的，再买浪费。路边小吃不卫生，吃了会拉肚子、生病，影响健康、影响上学……"我会放大不好，找无数个理由说服孩子，想掌控孩子的行为。但最后，钱还是花了，东西也吃了，只是吃的是情绪、彼此的怨气，留在心里的是痛苦、烦恼，彼此都活在抱怨委屈中。

生活中，我们往往在教育孩子的过程中以点带面，只看见孩子的缺点和不足，而忽略孩子的优点，然后抓住孩子行为的不足，不断放大自己内心的担心与恐惧，把自己的担心、恐惧标上"爱"，去掌控孩子的行为。

晚自习消耗体能，孩子饿是一种需要。那一刻，他不需要道理，他只是需要食物，需要妈妈看见他上学的辛苦努力，感受他此刻的饿。我们很多的时候，看不见孩子的需要，更感受不到孩子的感受，会用自己的认知替代孩子的需要和感受，然后抱怨孩子不听话。当我们抱怨孩子时，恰恰是自己的内心蒙了尘。

人生中出现的一切，都无法占有，只能经历，我们都只是时间的过客而已。既然是过客，那么我们就不能用自己的认知、价值观和感受，去替代与剥夺孩子经历的机会、体验的权利、成长的自由。

给孩子体验世界的权利、尝试生活的滋味，让他们将来能够适应社会而不是被社会淘汰，也许这才是孩子未来的需要，这才是真正的爱！我们要学习的是如何放手与放心，陪伴他们去体验、去经历，这才是最好的教育。

火辣辣的痛，是孩子爱我的方式。当我不再用自己的认知评判孩子的好与不好、对与不对，我便活在简单平凡的幸福中，感受着火辣辣的爱。

儿子，你是我的镜子

早晨五点半，闹钟响起，我给自己二十分钟在床上醒神的机会，便开始了一天的生活。

准备早餐的配料，用心给孩子准备了一份中西合并的早餐：面包夹煎鸡蛋，蔬菜牛肉面条，以及一份水果。自我感觉良好，觉得儿子应该会满意！

孩子起床洗漱好后，过来吃早饭，似醒非醒地坐下来，他吃了第一口就说："咸！"

"嗯？"我不太相信，尝了一口，还好呀，怎么会咸呢？

给他加了一点白开水，他还是说咸。看着他的样子，好像不太想吃，味道咸应该只是个借口。最终，他只是喝了一杯白开水，吃了一片面包。

我感觉他心里有点不痛快，是觉没有睡好？还是我做的饭又不合他的胃口？他的感觉不是太好，看得出来他正在控制自己的情绪，努力让自己保持在平衡的状态。

我们母子俩都有进步了，虽然都感觉不舒服，但是都没有扩散和放大彼此的情绪，而是选择了忍耐，没有去伤害和攻击对方。

看着他只吃了一点点，我觉察到自己心里有点堵，不舒服。但是，我还是把自己的不舒服压了下去。因为，我的大脑告诉我，不要和孩子起冲突，不要让孩子把坏情绪带到学校去。我早晨有困意，还在床上躺了一会，孩子应该也会有困意。

让孩子一起床就吃东西，没有胃口是正常的！说咸，恐怕是他的嘴巴里还留着牙膏的味道，影响了早饭的口感。

我知道，孩子的行为是正常的。但是，为什么心里还会有不舒服的感受呢？此刻的我，体内流动着三股力量：一是脑袋接受孩子的行为，觉得孩子的行为可以理解；二是心里感觉不舒服，想找孩子茬；三是在观察，平衡两种对抗，不让自己的行为影响孩子。

在车上等孩子下楼的一会儿工夫，我走进了那种不舒服的感觉，看看是什么样的情绪左右了我心情。

孩子不吃早饭，我担心孩子在学校会饿，影响上课，也纠结剩下的早饭怎么处理。以前我的胃不好，后来选择低碳饮食多年，早已不想勉强自己吃肉。虽然我只做了一点点，但是倒掉还是会觉得浪费。唉！我的无奈中掺杂着自责、愧疚感。

我受到了打击，感到挫败、受伤、委屈、自责、无奈和迷茫，不知道应该如何处理。我没有想到，孩子不吃早饭，引发了我这么多的情绪。我将脑海中的画面退回到早晨，想看看自己在干什么。

早晨醒来，我没有睡好，有点难受，但还是起来了，很用心、很努力地为孩子做早餐。

我对这顿早饭充满了期待，希望孩子能够吃好，有一个愉快的早晨。当孩子吃了第一口说咸的时候，我的心一下子就被堵住了。原来自己所有的付出被否定、被嫌弃的感觉，是那么难受与不舒服。

儿子的行为，就如同一面镜子，照见了我灵魂深处飘荡的、那一丝丝的不确定，引发了我内心强烈的不安全感，聚集了所有的情绪，想要爆发。

趁儿子还没有下来，我迅速走进自己的情绪，我看见了它们，并接纳了它们，给它们一个出口释放出来，不让这些情绪伤害自己。当孩子上车的时候，我能给出微笑。

在生活中，情绪有时来得莫名其妙。往往在不知不觉中就被带跑了，等事情发生过后才醒悟过来，然后懊恼，问自己："为什么会这样?"

送孩子到校后，在回家的途中听了一段音频，正好说到父母对孩子的影响。我们和父母在潜意识里，有很多信息是共通的，情绪也会传承。

今天，我们和孩子正在发生的，就是昨天我们和父母之间发生的。我们全心全意为孩子付出，把自己认为最好的给孩子，但是，孩子不认可、不需要，作为父母，我们感到委屈、受伤、挫败、自责、迷茫和无奈。孩子给我们带来的情绪，寄存在我们的内心世界。我们的责任是要包容孩子，但是寄存内心世界的情绪依然在伤害着我们自己。

儿子的行为唤醒了我的情绪和回忆，让我看见过去的自己。

当我还是孩子的时候，正像现在我的孩子一样，用自己的无知伤害自己的父母。父母也很努力，他们能力有限、精力有限，他们已经把自己认为最好的给了我们，而我们并没有理解体会父母，甚至在抱怨父母。

我只有一个孩子，而我的父母有七个孩子，他们要承受我们兄弟姐妹带给他们多少委屈？想到这里，我内心深感惭愧！

父母是根，我们是树，孩子是果。我们现在的不顺，来源于曾经我们让父母不顺，来源于父母自己的不顺。这一刻，我流泪了，我为自己曾经的无知，向父母忏悔。

生命的传承，就在此时此刻。感恩我的父母，生命因你们而来，幸福因你们而在；感恩我的兄弟姐妹，本是同根生，自当怜惜彼此的缘分；感恩我的爱人，彼此包容，互相珍惜，相伴到老是一种幸福；感恩我的孩子，你就是一面镜子，圆满我的生命，唤醒我对生命的回望。

孩子，读懂你的语言，感动的是我自己

早晨，上学途中，儿子说："好困!"我立刻想回答："春天就是这样，你应该早点起来，活动活动就不困了。"觉察到那一刻我想要说教，在话出口时迅速切换语言，说："困了，就闭上眼睛，放松一会儿，等到学校门口，妈妈叫你。"话刚落，就感觉到儿子紧绷的身体，立刻放松了下来，眼睛却没有闭上。

此刻，我忽然有一种想流泪的感觉，因为我看见了自己，看见了孩子。也许你可能觉得我可笑，觉得我有问题，甚至觉得我神经兮兮。孩子就在我的视线中，为何说看不见或看见，莫名其妙。

是的，孩子就在我的眼前，我就是对孩子视而不见、听而不闻。当我想说教的时候，其实是想给孩子一个指令：你错了，你不应该困，你应该早睡早起，你应管好自己，你应该……其实，孩子只是在我的眼中，并不在我的心中。

我觉察到孩子只是表达自己的感受，表达在自己坚持上学，表达自己努力的不容易，他需要妈妈的认可与支持。

曾经，我看见的、听见的，都是孩子的行为，而忽略孩子行为背后内心的感受与真正的需要。

此刻孩子说困，其实他并没有想怎么样。不是想睡觉，也不是不愿意上学。他只是在向她的妈妈表达自己的感受，需要一份来自妈妈的理解和对他努力的认可。

作为一个学生，他很努力地在做，也很努力地在对抗自己身体的反应。在很困的情况下，依然坚持起床、上学。他并没有因为身体困而不起床，不上学，他在努力地克服这种状态，他只是在表达自己努力的感受。

可是，为什么在孩子说自己困的一瞬间，我不由自主地想要说教呢？因为我觉得，他的父母都在努力，他也应该努力。我不允许孩子表达困的感受，我更想压制孩子的感受。其实，我是在压制自己的感受。我早晨起床，也同样感到困意很浓，我压制了那种不舒服的感受，所以，我也无法接纳孩子在我面前说困。恍然大悟，接纳孩子不好的感受，其实就是接纳自己不好的感受；接纳孩子早晨困的状态，就是接纳自己困的状态。其实，我和孩子一样不容易，我们都很努力地在对抗自己的困。

接纳孩子的感受，不是一件很容易的事情。让孩子对父母自由地表达感受，更是难上加难。那是因为，我们习惯于看见孩子的行为，用自己的感受覆盖、替代孩子的感受。

先人的智慧告诉我们，冷暖自知。一个人的冷暖只有自己知道，所以不要指望用我们的认知、感受去替代别人的感受，更不要去替代孩子的感受。

看见并接纳孩子困的感觉，让我和儿子的关系近了。孩子又跟我表达了自己脖子有点难受。我什么话也没有说，利用等红灯的间隙，用手给他按摩了几下。其实就是抚摸了几下，就感觉到他困的状态慢慢地消失在车内的音乐中，我们彼此恢复一颗柔和的心，车内温暖而温馨，爱流动在我们母子之间。

目送孩子下车，看着他的身影融入人群中，我的心有点痛。今天，当我能够温柔对待孩子，感动的却是我自己，流泪的也是我自己。

惭愧，母子十几年了，今天我才看见自己真正的温柔。是的，我看见你了！

在孩子小的时候，该天真烂漫的年纪，我却太渴望他懂我、爱我、照顾我，渴望他懂这个世界，懂得生活的不容易。我把生活的沉重感、压抑感，为人子女的担当感，金钱的匮乏感，外界的不安全感，自己的无力感，都强加给孩子。那时的我，已经忘记了，他仅仅是一个孩子，他需要妈妈撑起他的世界，给他温暖，给他一张灿烂的笑脸。

孩子原本阳光灿烂的笑容不见了，他成了一个小大人，我还沾沾自喜地认为，孩子懂事了。让孩子成为孩子，可是我努力让孩子成为我。我渴望孩子幸福，却不知道是自己亲手毁了孩子幸福的本质。

我忽略了生命成长的规律，忽视了让孩子自然地经历生命的每一个过程、每一个阶段的重要性。我让孩子成为我，成为我感受的替代者、牺牲者。

曾经，你的世界和我无关，我只是强行把你拉入我的世界，强行让你懂我的世界！今天，我努力看见你的世界，把你还给你自己，我也努力地去懂你！

曾经，我一直希望自己能够帮你探索一条光明大道，我努力守护你，担心地不肯放手。今天，我相信你、祝福你、支持你、陪伴你，做你迷路时的指引。

祝福我的孩子，祝福天下孩子！感谢我的孩子让我知道，读懂你的语言，就是读懂你的世界，就是读懂我的世界。

一杯奶茶的温度

接到放学的儿子，他很开心地说："我请你喝奶茶！"其实，我给他带了晚饭过来，还带了两杯饮料，一杯自制的橙汁和一杯豆浆。我想要告诉他，但话到嘴边，却变成了："好！儿子请客，老妈荣幸。"儿子很开心，他让我把车开到奶茶店门口，自己愉快地去买奶茶了。

我相信儿子想要买奶茶不是一时兴起，而是下午就已经有这样的想法了，允许孩子表达自己，分享当下的心情，也是培养他爱的能力。

我始终没有告诉儿子带了晚饭的事情，因为我不想给孩子增加负疚感。回家放冰箱，可以当我明天的早餐。如果这一次我不让孩子表达，下次他就不会再表达。

儿子很开心地提着两杯奶茶过来，递给我一杯水果奶茶，嬉皮笑脸地问我："你知道这杯奶茶多少钱吗？"我说："15 元。""你喝过？"他问。我说："上次朋友请我喝过。"他立刻给我换一杯："那你尝尝这杯。"话出口，我就很懊悔。我干嘛说价格呢？让孩子分享一下不是很好吗？这杯水果奶茶，应该是他特地为我点的，我应该给孩子一个表现的机会，我应该表达感谢孩子对我的在乎，干嘛着急表现自己呢？觉察到后，立刻装憨，接住他递过来的另外一杯奶茶，喝了一口，开心地说："没有喝过这个，好喝，味道好极了！"

儿子也开心地说："这家的奶茶味道就是不错，我们同学都喜欢，就是有点贵。"我也附和认同。

在这个寒冷的冬夜，我们彼此爱着对方，为昨天晚上的争吵画上一个句号。一杯奶茶是儿子别样的在乎，也是对妈妈别样的爱。

昨天是2019年最后一个夜晚，高三依然不放假，在接儿子回家的路上，他有情绪，牢骚满天，说学校往年都有元旦活动，今年却取消了，元旦还要上课，晚上不能出去玩了。

听着他唠唠叨叨，我心里觉得一个高三的学生，不应该有这种想法，都火烧眉毛了，咋就不急呢？还想着出去玩？无法理解，无法认同。

晚上，他的学习状态不佳，作业写完后，告诉我需要用一下手机。我只是问了一句"你打算几点睡觉"，便把手机给他了，因为我相信他的自控力。

元旦，大家都在放假，我可以理解他抗拒上课的心情。时间慢慢流过，我的睡意越来越浓，眼睛已经睁不开了，但是为了照顾他的感受，我一直在等待他，等待他把手机交上来。这是我们家的原则，也是父母的责任，孩子自控能力还没有完善的时候，我们需要协助。所以我一直没有睡觉。

到时间点，我提醒他送手机过来，他跟我说，同学之间还在聊天，大家都在发祝福，让我再等他五分钟。

此刻，困意让我的耐心已经丧失，但是我还是忍了下来，又给了他五分钟。五分钟到了，他又跟我说和同学之间还没有聊完。

我便不再忍耐，朝他发起了火。我的火，引起了他的火，我们两个吵了起来。最终，他生气地说："手机给你！"把手机从床上扔到了地上。我真的想要再次发火，想想还是算了，他已经关灯睡觉。虽然我知道发火是不对的，但是我也知道，我们最近的关系维持得不错，偶尔争吵一下，可以给他发泄情绪的机会，更趁机告诉他我也是有底线的，规则需要彼此遵守。

第二天，他没有再提昨晚吵架的事情，我也恢复了正常状态。中午接他放学，虽然我们都没有说什么，彼此也很友好，但是我总感觉儿子没有精神，好像不是很开心。我心里猜测，这是我们昨晚吵架的后遗症？还是学校发生了什么事情？我搞不清楚，便继续观察，想着看看他晚上的状态再说。

中午吃饭，他也不知道在想什么，有点恍惚，叫了半天才过来。

我一边告诉自己，做好自己该做的，调整好自己的状态，允许他自我调整。

下午放学，就感觉他的状态回来了。我们一见面，他就说要用自己的零花钱请我喝奶茶。吵架，就像感冒一样，偶尔发生一下，可以增加母子之间的感情，提高情感“免疫力”。偶尔适度“伤”一下感情，让孩子看见妈妈也是有底线的，反而可以让彼此之间情感更加地牢固。

儿子用一杯有温度的奶茶，化解了我们的情绪，表达自己对妈妈的一份亏欠，也温暖了我的心，让我们母子都回到快乐幸福的位置上。我也庆幸自己，没有用我认为的好，限制孩子对我的情绪情感表达。

最温情、最让人流泪的一句话

有一种伤害，不会在你身体上留下伤痕，却能直击你的心，撕碎你的防线，让你掉进万丈深渊，给你投下永不散去的阴影，甚至毁掉一生，那就是语言的伤害。

语言的伤害比外表的伤痕更为可怕。打一下，皮肉伤，几天就能好。但是一句话，有时候带来的伤害却是一辈子！良言一句三冬暖，恶语伤人六月寒。语言的力量是巨大的，它既可以给人带来支持、安慰、祝福，又可以给人带去伤害，甚至毁灭。

下午接儿子放学，下车时儿子打开车门，对我说了句："宝贝下车啦!"我惊讶到："你说什么?"

儿子又说："宝贝下车啦，难道你不是我的宝贝?"

我说："哇！这是我听过最动听的一句话，好感动，我想流泪!"

回想最近一段时间，儿子的话语好像真的在改变，我帮他做事情，偶然会听见他跟我说："谢谢你的爱!"孩子懂得了回应，让我感到无比欣慰，为孩子的成长而自豪。

我和孩子一路走来，争吵过，彼此伤害过，我们俩能够同时坚持的就是反思，我们彼此愿意成长和改变!

记得有一次，我早晨五点多就起来给他准备早饭，他磨磨蹭蹭，结果来不及吃。我把他的早饭打包，让他带到学校吃。他不带，还说我的饭不好吃。

努力没有得到认可，反而被嫌弃，我相信很多妈妈都会委屈。火“腾”的一下就冒了出来，我心想：你老妈我一早就起来给你准备早饭，你不吃，还那么多废话！忍不住怼了他几句。

回家后，我反思自己，其实我又在用自己的辛苦付出进行道德绑架，让孩子有负罪感，让孩子觉得自己不是一个好孩子。

反思过后，检讨自己，同时向孩子道歉，于是借助猫咪的照片，以猫咪的语调，给孩子的 QQ 发了一段话。

儿子说过他是猫咪的师父，我是大花猫的妈妈。

发了一张猫的照片，配上一段话：“猫咪的师父，猫妈妈知道你也很努力。你早晨起来有点难受，猫妈妈理解，对不起，猫妈妈为早晨的情绪向你道歉。猫咪的师父，爱需要正确地表达，当猫妈妈的爱在你眼中变味的时候，猫妈妈也很难受。猫妈妈只是在乎你，你不吃早饭，我担心你，猫妈妈只是爱你。”我在后面加了一个爱的表情。我相信孩子回家一定会看自己的 QQ。

中午在吃饭的时候，儿子很淡定地跟我解释说，自己早晨在学校买了吃的，不用担心。看他的表情，我肯定他是看了我的留言。

然后他又笑嘻嘻、轻飘飘地说了一句话，今天的饭烧得不错。我知道，对孩子来说，他是在通过这种方式与我道歉、和解。

孩子和我都是凡人，我们都有很多的缺点。当事情发生后，彼此退一步，在自己身上找原因，设身处地替对方着想。

一句话，一辈子！我们永远不知道自己无意间的一句话，会给对方带来怎样的伤害。语言是一把无形的刀，可能自己不觉得有什么，但它对于爱我们的人来说，伤害非常大。

爱需要彼此包容、相互支持，把安慰、祝福、温暖的话送出去，让我爱的人因为我的话温暖而感动！

第 四 章

母爱托起

生活中有两种父母，一种是拖，一种是托。

当孩子出现问题的时候，我们是助力孩子，还是给孩子增加阻力？

生活中，所谓的问题孩子，其实很多的时候，是父母站在问题这边，没有站在孩子的角度考虑。

问题本身不可怕，怕的是父母放大问题，让孩子成为问题。

语言的力量

周六上午，猫咪围着我的腿转个不停。一会儿蹭蹭我，一会儿仰头朝我叫一声，一会儿又在地上打个滚卖萌，用讨好的眼神看着我。我知道，猫咪在用肢体语言跟我沟通，告诉我它饿了。

我打开袋子给它倒了点猫粮，看它吃得那么急，就笑着说："你看你，都吃成肥猫了，以后要养不起你，长肥了就没人要你了！"

儿子正在房间写作业，听见我的话，立刻回了我一句："猫长肥点更可爱，我喜欢圆润的猫。"

我立刻闭嘴，因为我觉察到自己正在通过开玩笑的方式，表达着内心的抱怨情绪。猫咪是儿子在网上买的，他和爸爸商量好之后才告诉我。当我知道两只小猫花了几千块钱的时候，内心真的是无法接受。

在我的认知里，猫到处都有，还用得着去买？人都快养不活了，还养猫？可是爱人说，尊重儿子支配自己暑假打工收入的权利，买猫或者换新手机都可以，儿子选择了买猫。我心里郁闷，他的工资还不是我们换一种方式支持他的嘛！更何况爱人还赞助了一半。父子俩商量好就把猫买回了家。儿子把猫当作孩子养，生活用品样样俱全。

每天快递送来的东西让我应接不暇，超出我的认知范围，同时也感叹儿子的用心。可是越这样，我就越郁闷！这哪里是养猫，这就是养孩子嘛！

我对儿子感叹："猫的待遇比你小时候的待遇还要好！"在儿子小的时候，我们家的生活比较拮据，儿子经常穿别人送的旧衣服。现在猫的待遇完全超出了当初养儿子的水准，猫比我的儿子还要娇贵，我一时间不能接受。

两只猫到我们家时都很虚弱，断断续续地生病。其中一只在儿子开学后半个月就结束了它的生命，儿子很伤心，我和爱人也很难过。

我心里原本就不赞成买猫，小猫的离去让我难过之余，更是觉得这钱花得不值。因此，心里埋下了很多怨气，抱怨的话时不时想跳出来。心里想：看看，我说不能买吧！养不好的，你们不信，最后还不是没有养好！

因为学习了，我知道自己不能抱怨，所以忍着没有说出来，却时不时想找机会，来表达这份抱怨。

这不，看到小猫吃饭，觉得它吃多了，立马有了抱怨的借口。我的话听起来是开玩笑，但是语言背后暗藏了嫌弃。

表面上我是在喂猫、照顾猫，可内心深处却在排斥、抗拒儿子在猫身上花钱这个行为。

既然我不能讲儿子，那我就讲猫吧！殊不知，儿子已经听见了我内在的声音，立刻反驳。儿子的潜台词是，你不喜欢，我喜欢，我来保护猫。

儿子的语言让我警醒，我立刻修正语言，并刻意对猫表达。我接着对猫咪说："猫咪，我爱你，欢迎你来到我们家，多吃点啊！身体健康棒棒滴！你是我们家的小福星，你是被祝福的，谢谢你的到来，我们家欢迎你，你很健康，你很快乐！我好喜欢你！"

说给猫听的同时，我也在暗中观察儿子，他的嘴角在微笑。

当我解开自己的心结开始接纳时，小猫带给了我无尽的快乐。它成了我的开心果，儿子的减压妙药，我们家庭的调和剂，带给我们许多欢笑，我开始享受这样的生活。

语言具有强大的力量，特别是和孩子生活在一起的妈妈的语言。拐弯抹角地说话，其实不是在表达目的，而是在发泄情绪。本意是想让孩子好，可偏偏说孩子不好。想让孩子勤劳，偏偏说孩子懒。想让孩子快，偏偏说孩子慢。想让孩子聪明，偏偏说孩子笨。

父母的语言具有强大的暗示作用，从孩子睁开眼睛起，就开始暗示。想要孩子好，渴望好的结果，却每天盯着孩子的不好。这期间，我们的语言不是在引导孩子往好的方向发展，而是发泄自己的情绪。

我给孩子制定了一个标准，孩子没有达到我的标准就不是好孩子。我不研究孩子为什么没有达到目标，我只负责发泄我的情绪，抱怨、嫌弃孩子没有达成我的要求。心里有情绪，嘴巴就不能正确地引导孩子，就不会好好地说话。开口就是发泄和诅咒："你怎么这么慢？为什么不能快点！你真笨！你……"怀疑、抱怨、指责、讽刺、比较、嫌弃……不断地给孩子贴标签。

我们举着爱孩子的大旗，用错误的方式指责孩子，用各种各样负面的语言打击孩子。

妈妈想要孩子好，应该从学习好好说话开始。时常觉察自己的语言，感受语言的力量！

父母的态度决定孩子玩游戏的深度

随着时代的发展，信息的传播也越来越快速，很多信息进入了孩子的世界。作为父母的我们是几多欢喜几多愁，都希望自己家的孩子能够按照我们的思路行事，但是孩子不愿意一味地听从父母长辈的要求，他们想通过自己的探索去了解这个世界，成为自己想成为的样子。

在和沉迷游戏的儿子斗智斗勇的过程中，我发现了孩子面对游戏的感受决定了他的行为。

孩子玩游戏，并不是我们父母认为的不想变好或不学好了，玩游戏的孩子依然有一颗想变好的心，只是他们被不好的感觉绑架，开始怀疑自己、怀疑人生，没有人懂他们，没有人帮助他们，看见的人又都在批评他们，让他们想变好也好不了。

孩子玩游戏初期是受周边环境的影响，好奇心驱使他们去了解、探索。如果我们父母在游戏初期就对游戏有正确的看法，引导孩子自我约束，相信孩子不会对游戏上瘾。

我通过观察儿子玩游戏的行为，发现了玩游戏的几个阶段，以及父母的反应。

探索期。一种好奇心促使身体做出的本能行为，孩子是被自己心中的不知道牵引着，对游戏好奇，想知道、想要去了解游戏。此阶段，游戏对于孩子的影响并不大，他们正在探索一门新功课，经历一段新的体验，并感受着新体验带来的快乐。

深入期。孩子通过探索，在游戏里感受到了在现实生活中缺少的被欣赏、被肯定、被接纳、被需要、被理解、被尊重、被支持等情感。通过学习成绩获得的价值认同、父母肯定、内心满足、荣誉，这是一种延迟满足，过程太长，甚至努力后还不一定能够得到，有时候还会被批评、指责、抱怨和嫌弃。而游戏不同，它及时反馈，能及时满足孩子的心理需要。孩子每次在游戏中突破，都会收获价值感、成就感。此刻的游戏，不再是行为的需要，而是一种精神的满足。

心理微妙期。当孩子在游戏里被满足，但游戏又不被他人接纳，不被父母和老师接纳，这时候孩子玩游戏是有紧张感、愧疚感与负罪感的。此时的孩子处于心理微妙期，也是孩子对玩游戏痴迷深度走向的最终分道线。

此刻，父母对待孩子的态度，就决定了孩子对待游戏的痴迷深度。

有一类父母，发现孩子打游戏，立刻想到会耽误学习，影响成绩，会让孩子变坏。我们就会盯着孩子的行为，就会因为担心而放大自己的恐惧，让自己急躁。在孩子们玩得正欢的时候，强行把他们从游戏的世界里拉出来，然后不分青红皂白地批评一顿。此时，我们就会把孩子内心对父母的爱和因为玩游戏带来的愧疚感抹去，孩子为了保护自尊心，一定会和父母对着干。

父母粗暴的行为和游戏带来的肯定、欣赏、鼓励、快乐和成就感，恰恰形成鲜明的对比，让孩子产生了想要逃避的感觉。我们觉得孩子不想变好，其实孩子是想要变好，只是他在虚幻的世界证明自己变好。如果我们在生活中逼迫孩子，孩子会因为无法对抗父母而选择逃避。

我们越管，他们就越躲，家中弥漫着负面消极的氛围。

如果我们和孩子的关系，因为打游戏演变成了“警察抓小偷”，孩子就会在每次被“抓”的时候，产生羞愧感。羞愧感带给孩子的内心的反应是，反正我的爸爸妈妈已经认为我就是一个坏孩子，我已经无药可救了，我没有自尊心了，我就破罐子破摔，看你能把我怎么样！逃课等行为随之而来，孩子用自己的方式反抗父母。当反抗又被压制的时候，孩子继续用错误的方式掩藏自己的愧疚感、羞耻感、无能感，这时就会生出恨，用不上学或自伤的方式报复父母：你不是希望我变好吗？我要彻底毁了你的希望。当孩子的心死了，他的行为就难以控制了。

还有一类父母，当发现孩子打游戏的时候，能够控制自己的情绪，理性看待孩子的行为。孩子会因为被接纳而惭愧，生发自我反省。在孩子有紧张感、愧疚感的时候，接纳孩子的行为，维护他的自尊心。

对孩子表达：“孩子，我知道你因为好奇而玩游戏，我们和你一样好奇，我知道你玩是为了体验、放松。如果你能够制定合理的时间表，不影响学习、睡眠与健康，我觉得可以。我们一起来商量一下，你怎么安排时间，还需要爸爸妈妈做些什么？”用积极正面的思维接纳孩子，引导孩子。

孩子会因为自己的行为被接纳、被信任，而对父母产生报答的情愫。孩子会为了不辜负父母的信任，而管理好自己。因此，他的内心就有了力量，他的行为就不会完全被欲望控制。

如果孩子已经沉迷游戏，父母就要用接纳与爱，去唤醒孩子的内心，多找到孩子的优点、特长，多肯定、多欣赏，多表达尊重和信任，让孩子内心感受到爱。用现实中的给予，覆盖虚幻游戏中的肯定，要有等待和相信的心，切不可放弃。

游戏只是孩子看待这个世界的方式，当他们别无选择的时候，他们就不会放下。孩子是最在乎父母的，父母的爱会把孩子从网络拉回到现实中来。带孩子出去走走，看看世界、名人、名山，开阔孩子的眼界和格局，帮助孩子强大内心，提升自制力。

孩子的行为不是管出来的，而是被父母影响得来的。他们有自制力的时候，就是他们在长大的时候。

让游戏回到阳光下

很多父母一谈到孩子玩游戏，就心生恨铁不成钢的感觉，甚至愤怒地想要揍孩子。即使没行动，意念也早已透过眼神和嘴巴“揍”了他千百次。

其实，父母是害怕游戏毁了孩子，却没发现，真正毁了孩子的不是游戏，而是父母对待孩子玩游戏的态度。父母想尽一切办法希望改变孩子，让他从游戏回到学习状态。事实却是控制得越紧，孩子反而越玩越凶。越觉得孩子坏，孩子就越来越坏。父母越想改变孩子，孩子就越是要对着干，孩子离我们设定的目标越来越远。最终两败俱伤，而问题还在起点，父母和孩子之间的感情已经到了冰点。面对游戏，我也同样困惑过，甚至是比起很多父母有过之而无不及。

儿子上小学就开始玩游戏，从小游戏到大游戏，从单机游戏到联网游戏。现在，他只是把游戏当作放松解压的工具。一路走来，我和迷恋游戏的儿子一起跌跌撞撞，尝尽了酸甜苦辣，才明白，禁止孩子玩游戏的后果就是把孩子推向游戏，甚至毁掉孩子。

儿子最初玩的游戏是搭房子，他构建各种各样的房子，常常邀请我去他搭的家参观。我很诧异孩子的想象力和创造力。通过游戏，他创造了他渴望的世界，他感觉很美、很有价值。听他开心分享，我也开心，我欣赏、崇拜的眼神激起了他更多的创意。我没有想过这是游戏，便没有过多的干涉他。

但是，不知道从何时开始，儿子有了一种偷偷摸摸的感觉。有一天傍晚，我到爱人的单位接儿子回家，看见他一个人蜷缩在爸爸的办公椅里，玩得不亦乐乎。当时我的第一感觉是，这孩子也不知道开灯，难道眼睛不难受吗？于是我问他："你怎么不开灯啊？"他无意识地回答："不开灯玩得安全、舒服。"

我当时很纳闷，他怎么会有这种在黑暗中玩比较安全、舒服的感受？现在回想起来，我很自责。那个时候的我根本就不懂孩子的内心已经分裂，是大人对待游戏的态度，让孩子感觉到自己不被接纳，他在隐藏自己。孩子觉得自己正在干大人不认可的事情，他的行为不安全，偷偷摸摸的感觉就产生了。

儿子每天放学都会到爸爸的办公室等我接他回家，爸爸忙得没有时间顾及他，他就会乘机玩游戏。办公室里人来人往，有人看见了就会调侃儿子说："哦，你又在打游戏了，我要告诉你爸爸去。"那时儿子还分辨不出来这是玩笑话，他全部当真。来来往往的大人为了证明自己大人的身份，都会不由自主地对正在玩游戏的儿子说教，儿子感受到大人的嫌弃和反对，心里忐忑不安，没有安全感，所以他不想开灯。不开灯，别人就看不见，就不会说他了。幸好我当时没过多责备他！

儿子初二的时候，中考在即，我对他有了期待，于是我开始反对并限制他玩游戏，觉得他应该把精力放在学习上。我虽嘴上不说他，心里却不接受他的行为。

之后，儿子开始躲躲藏藏。有时把自己关在房间玩，有时利用双休日和同学出去玩。直到学习成绩急剧下降，他才和爸爸谈想控制游戏瘾，约定了双休日固定的游戏时间。他们商谈完毕，我负责尊重并执行。在观察孩子玩游戏的过程中，我发现他喜欢在昏暗下打游戏，即使我不阻止他，他也有躲躲藏藏的感觉，而且他在打游戏的时候非常敏感多疑，我不能说话，一说话他就跟我生气。看着他的样子，我感觉有点难受，却不明白为什么难受。虽然当时我不懂孩子的心理感受，但是看见他的样子，我就是感觉不太对劲。我不希望他窝在黑暗中打游戏，但是他就是不愿意出来。我不清楚为什么会这样，我一直希望找到答案。

有一次，他无意中说的一句话让我开始觉察，那是在我们俩一起读《让世界因为我而美丽》这篇文章后，他说："妈妈，我真的不想读了。"我说："为什么？"他说他每次读完后再打游戏，心里都有不安的感觉。难道孩子打游戏会有罪恶感？我心想，难道是因为孩子自己内心也不认可自己玩游戏的行为，只是自己控制不了游戏带给他的快乐感受，所以他才在昏暗的地方或者关在房间里玩？他自己也在对抗自己，觉得自己不够好吗？

我多了一份觉察，开始反思自己和孩子打游戏时的互动模式。老师、父母及其他大人，大家都认为游戏不是好东西，会耽误学习。打游戏的孩子都是不学好的孩子，但我们从来不去研究孩子为什么喜欢游戏，游戏带给孩子什么感觉。

后来我开始观察，并回想自己曾经看小说、追剧的感受。

当我从一个每天不着家的老板突然变成了家庭主妇，我很迷茫，也很焦虑。为了转移内心不舒服的感受，我喜欢闲暇时间看小说、追剧。有段时间我非常懈怠，不想干任何事情，但是又不得不干。情绪低落时常常靠追剧来满足内心的匮乏，同时又不希望被爱人和孩子看见一个不思上进的我；所以，我开始逃避他们，迷茫的自己又不知道何去何从，非常沮丧。想变好，但是又不知道如何让自己变好。

放弃工作回归家庭，我内心是抗拒的、无聊的，经常把自己逼到绝望崩溃的边缘。对家庭琐碎的抗拒、生活的无聊以及精神的空虚，让我无所适从。内在的匮乏必须用外在的快乐来弥补。所以，我痴迷小说和电视剧，偶尔去爬山，跟朋友一起聊天、喝酒等。堕落的那段日子，自我纠缠带来的内耗，让我非常难受。别人只是看见了我的潇洒，却无法看见一个迷失的灵魂。我无法认同自己从一个有价值的生意人变成了“煮”妇，我无法接纳自己是一个这样的人。但是我又无法弃孩子于不顾，便在抗拒中迫于无奈地接受。自己和自己，自己和外界，都是混乱的。本能地想逃避所有的一切，希望沉浸在虚拟的世界寻找快乐。

现在回过头来梳理那段时间的心理状态，和孩子打游戏的感受是一样的。我们都在迷茫、迷失中丢了自我，无助又无力。我们需要的不是指责、嫌弃、抱怨。我们缺少关爱，缺少价值体现，缺少方向，缺少被认可、被欣赏的感觉，活在了自卑中。

沉溺在虚拟世界，事实上是内在的匮乏需要填补，这是一种本能的求救、求爱。

把时间浪费在小说、电视上，我的内心是愧疚的。我觉得自己不务正业，虽然老公和孩子不在身边，并未看见，但总觉得背后有一双眼睛盯着，没有安全感。我是个有上进心的人，想改变现状，但是无从下手，想控制自己，但是无法控制。所以，就有了想逃避爱人和孩子的偷偷摸摸的感觉。那时，我脆弱又敏感，一旦爱人说我不学好，我绝对会疯狂反抗，以护卫自己的自尊心。因为我的内心并不希望自己这样，我在挣扎，我在和自己抗争，我需要爱与帮助，需要被认可、被欣赏，可是你们忽略我的努力，盯着我的无力，所以我要反抗。

可见，行为并不可怕，痛苦并不可怕。可怕的是我越无力，你越打击我，我干脆破罐破摔，放弃。如果你们继续不理解我、不关心我、不帮助我，我自己又帮助不了自己，那我就会开始不相信自己。你们也不相信我，我没有动力往上爬的时候，我就彻底不动了。这也是为什么有的孩子早早就有了不良习惯。

一个行为的背后，一定有被忽略的感受，一定有没被满足的需求。所以，看见孩子的行为，我们应该研究孩子的感受与需求，看见孩子正在努力的部分。

要想改变孩子玩游戏的行为，父母必须先改变对待游戏的态度。忽略孩子打游戏的行为，看见孩子的努力，通过欣赏、鼓励，帮助孩子看见自己，发现自己的优点，找回自己在现实世界中的价值。

其实，人在迷茫的状态下，自己是帮不了自己的，需要借助外力把自己从坑里拉上来。如果没有其他更高品质的快乐或者价值来替换游戏的快乐，孩子是很难放弃玩游戏的。一个孩子只有发现更好的、更有价值的、更有意义的快乐，才会淡化甚至放弃原来的行为，进而替代转移原来的习性。举个例子，若一个人把喝酒当作是一种快乐，可有一天他接触了茶艺，他发现喝茶比喝酒更加符合他的需要，他就会放弃喝酒这个行为与需要。

我非常庆幸，在儿子玩游戏这件事情上，虽然当时没有现在这样深刻的感悟，但是我没有执着孩子玩游戏的行为，而是听从了自己内心的感觉，不去控制他，把玩游戏的儿子从阴暗处引到了阳光下，让孩子光明正大地、坦坦荡荡地玩，避免孩子因为玩游戏而产生愧疚感和羞耻感。

于是，我要求儿子，玩游戏必须到客厅。在敞亮的地方玩，心情会更放松，也就没有偷偷摸摸的罪恶感、羞耻感。

后来，为了不被其他孩子诱惑到游戏厅，爸爸还支持他用过年的压岁钱买手柄游戏机在家玩。我也经常跟他说，玩的时候就痛痛快快地玩。于是，儿子从偷偷摸摸地背着我玩，慢慢地开始面对我。

有一次，我的朋友到我家玩，看见我的儿子在客厅那么投入地打游戏，她无法接受，更无法接受我对此视而不见。她对我说，你的儿子打游戏，你怎么不说说他？我说那是孩子的游戏时间，这让她更加不冷静了。

儿子打游戏的时候，会把我拉入他的同盟，以减少罪恶感。每次他用平板打游戏的时候，都会帮我把电视调好，零食准备好，我们一起在客厅里吃着、玩着。

后来，我发现了一个规律。我接纳他玩游戏的行为后，他不再躲躲藏藏。每次考完试后，他玩得最投入。如果考得好，他玩游戏的频率反而不高，会选择看看电影和新闻；如果考得不好，他可能饭也不想吃，一心埋在游戏里，头都不抬，好像是在跟谁出气。当游戏不再成为他的隐私，我们俩可以商讨什么时间玩更合理。有时他也会听我劝，不玩游戏。

初中后期，他会根据考试情况，调整自己的游戏时间。渐渐地，我主要抓住他的大方向，其他让他自己去承担。初中三年，儿子终于在游戏的跌跌撞撞中，安全上岸。

回过头来，我明白了，既然我们无法避免孩子玩游戏，那就让游戏回到阳光下，回到我们的眼前。打游戏只是一种行为，当我接纳他的行为，他便可以在我的眼前开心地、安全地玩，也能培养他的自控能力。

接纳孩子，就可以影响并约束孩子的行为，寻找机会去转移、替代他的兴趣，帮助到孩子。

父母只有给予孩子爱与信任，才能让孩子回到阳光下。只有把游戏行为与孩子区分开来，关心、信任、帮助孩子，让玩游戏的孩子不再有罪恶感，才能够让孩子坦然地面对自己的行为，修正自己的行为。父母的接纳、信任、爱与鼓励，是孩子回到阳光下的动力。

都是手机的错

孩子又玩手机了！孩子又上网了！孩子又看小说了！孩子又打游戏了！孩子又……父母的眼睛就像一个追踪仪，无时无刻不在孩子身上。

前段时间，有一个朋友跟我分享，他和孩子就像在打游击战，斗智斗勇。孩子有时三更半夜起来偷偷地玩手机，让他防不胜防。还有一个朋友分享，说自己的孩子看电子小说，有时看到夜里一两点，专挑他们睡着的时候起床偷看，让他们无处下手。手机给父母造成了心理阴影，只要看见孩子拿手机，就像与猛兽面对面，陷入恐惧心态。

都是手机的错，手机是罪魁祸首。在埋怨手机的坏处的同时，不可否认手机给我们带来了便利。手机替代了电视机、电脑、手表、固定电话、照相机、收音机、手电筒、镜子、游戏机、钱包、台历和银行卡等。手机除了满足了人们的基本生活需求，还满足人们的精神需要。很多成年人对手机也是片刻不离手，孩子也喜欢探索手机里的一切。

当孩子在现实生活中没有被满足时，他们就会在手机里去求得快乐、价值感。手机上瘾的背后，其实是对某一种感受的执着，对一种价值的体现或者是快乐的需要，是一种满足感的需求。

曾经我和很多父母一样，只要手机在孩子的手里，我就能够觉察到自己的心里不舒服。即使他说是用于查作业解析，我的心里也会怀疑。

这是不是借口，是不是又在上网？表面同意他查，心里却在怀疑。只要手机在孩子的手里，孩子就是不被信任、不被接纳的。当孩子拿起手机的时候，我脑袋里就会有一个个念头闪过，担心模式被唤醒。作业没有认真写？是不是在学坏？考试考不好，我多没面子！考不上好大学，找不到好工作，就会过得不幸福！我到老了还得操心……担心、害怕、愤怒等情绪就在不知不觉中产生。

当我们不相信孩子是好孩子的时候，我们就把目光聚焦在了孩子的问题与缺点上，用自己内心的负面情绪做放大镜，放大孩子的行为问题，父母的爱与信任就消失了。于是，我们成功忽略了孩子的生命与精神需要，让彼此活在恐惧与匮乏中。当我们的眼睛无时无刻地盯着孩子的时候，就是刺激孩子对抗我们的时候，同时创造了一种压抑的家庭氛围，让孩子处在一种不安全的感觉中。于是孩子学会隐藏自己，努力将自己从父母的眼睛中淡化、消除，慢慢把一些行为转移到暗处。比如躲在房间里，半夜行动，离开家，撒谎等。我们活在焦虑与不安当中，感受不到孩子带给我们的各种幸福，忘记了孩子本身就是我们的幸福！我们聚焦在孩子的问题与缺点上，于是我们看孩子哪里都不顺眼，始终带着不好的感觉去挑刺，抱怨、嫌弃、指责、烦躁等也会伴随着我们的生活，我们活得很无力也很无奈。

孩子代表着我们的面子，我们的未来，我们的成就感、价值感、幸福感；孩子好，我们啥都好，孩子不好，我们就全盘皆输。可是我们忽略了，孩子出现问题的时候，更是需要父母的时候。手机只是孩子寻求价值与快乐的载体，防范孩子玩手机，只是在表面解决问题。孩子今天的问题并非一日形成，接纳孩子现在的问题，才有机会帮助孩子改变。

在这个时代，我们的生活被智能覆盖着，手机给生活带来便捷的同时，或多或少地干扰着我们的生活。与其说手机毁了我们的孩子，不如说是我们对待生活的方式与态度毁了孩子。没有一种物品可以毁掉我们，除非是我们自甘堕落。绑架我们的不是手机，而是我们通过手机在寻找自己内心缺失的感觉。手机绑架孩子，我们看见的是手机的错，看不见的是孩子内心的需要。

通过“都是手机的错”，了解我们和手机的关系，了解自己内心需要，了解孩子内心需要，才是我们必修的功课。

被问题泡大的孩子

人这一生都是被问题、缺点和不足陪伴着的，每一个孩子也都在其中成长。那些我们认为的问题与缺点，正是一个人成长的基础，是探索这个世界的入口。

今天，当我回过头来，从成长的角度看我的孩子，我发现我的孩子是被缺点和问题泡大的。从他出生的那一刻，他就在用自己的方式证明自己是独一无二的存在。阳光灿烂的笑容，惊天动地的哭闹，他在肆无忌惮地做自己。而这时候，无论孩子做什么，我都觉得好，满心欢喜地接纳孩子的一切，感受着甜蜜的幸福。

在他刚刚会走路的时候，就转动着小眼睛，开始搞破坏。水杯、拖鞋、煤球等，凡是他能够拿得动的东西，都被他丢进我们家的水缸，他在一旁观察会发生什么，还用竹竿去搅和。最终，他看着我把一缸的水倒掉，咯咯地笑着来一旁帮倒忙。那时的我，嘴上骂着："小兔崽子，又搞破坏了!"心里却饱含幸福。

上幼儿园的时候，他跟别的小朋友学说阜阳地方话，甚至是不文明的话，那时的我们，嘴里说是教育引导，心里竟然有一种沾沾自喜的感觉，这小子学习能力挺强，模仿别人的话还有模有样。

小学一年级时，儿子在学校和高年级同学玩打架游戏，混乱中，有一位同学的头被石头砸中了，一哄而散过后，那个被砸的孩子也不记得都有谁，只知道和他一起做游戏的有我的孩子。因为孩子的爸爸是他们的老师，所以好记。那一刻我们哭笑不得，我们相信孩子没有砸，因为从小到大他没有撒过谎。可是最后，我们却承担了所有后果，付了医药费，把他喜欢的零食统统送给了同学。从那以后，他再也不和同学玩打架的游戏了。他说全校的同学都认识他，再也不想帮同学背黑锅了，他能吃一堑长一智，让我们甚是欣慰。

二年级转校到市区，当他熟悉新的学校以后，又开始折腾，他从哥哥的文具店里赊文具和玩具到学校卖给同学。他说学校门口的店里卖的价格非常高，哥哥家的很便宜。他的玩具和文具比学校门口卖得便宜，他倒了个差价，也帮同学省钱了。一块多一件的东西，却有几十块的销售额，让我们不得不刮目相看。最后，在元旦晚会的投资中亏损了，因为学校为了迎接考试，活动取消了。他进购的产品成了没用的库存，才终于收手，余下的钱买了零食。

小学的六年生涯里，他不是一个乖巧的学生，调皮捣蛋样样来，跟老师唱对台戏，被老师批评，也常常制造家长被老师训的机会。最惊险的是和小区里的一帮孩子玩游戏，差点儿用玩具枪把别的孩子的眼睛打伤，我们心惊胆战，从此不再允许他玩玩具枪。

被小女生丢过纸条，我们怀疑他早恋；旅游，一个人跑丢；把同学的苹果手机摔坏，自己哭鼻子，担心、害怕；晚上和一帮同学骑自行车出去赛车，被我们的朋友看见后举报，说太危险……

我的孩子，他是一个缺点不断、问题不断的小孩，但他是我们的骄傲和幸福！他的生活丰富多彩。无论如何，在我的心里，我从来没有觉得我的孩子是一个坏孩子。他上初一的时候，仿佛一夜间变大，自我意识开始苏醒，他会在有意识或者无意识间挑战父母和老师的权威。他开始挑剔我、嫌弃我，说我做饭难吃、穿的衣服难看、学历低等。我忽然开始迷茫了，我的骄傲已经开始嫌弃我了，这让我有点措手不及。与此同时，他开始有了自己的秘密，对时下的潮流和信息充满好奇。

我记得，有一阵子流行美瞳眼镜，他一心想要。我很纠结，那玩意儿戴在眼睛里会不会把好好的眼睛给弄坏？担心来担心去，道理讲了一箩筐也没有用，他就是要买。最终他用自己的零花钱在网上买了回来。几天以后货到了，他折腾了半个小时，说了一句话让我哭笑不得。他说："妈，戴隐形眼镜太难受了，你把它送给姐姐吧！"这个结果是我没有想到的，一场争执，在他自己体验经历过后，画上了句号。原来，说再多的道理不如让孩子体验一次。再后来，他又迷信网上各种信息，比如免费领养猫咪，只需付八百元运费就能领养一只。在爸爸的陪同下，他把八百元汇入了网上的账号，直到追踪不到回复，父子俩又一起去报了警，才知对方是诈骗惯犯，他接受了教训。此后，再也没有被骗过。

我的孩子不是一个乖小孩，他是个有血有肉的生命，是不断给我们制造问题的调皮孩子，我们一起在跌跌撞撞中前行着。以前，当孩子出现各种各样的问题时，我们从来没有去思考，孩子为什么会这样？我们只是用自己的想法去要求孩子，或者按照他人的要求去压制、去教育孩子。合乎标准就是好孩子，不合乎标准，我们就给他们贴上青春叛逆、坏孩子的标签。既然是叛逆，我们就要管教、打压，希望他们回归以前的乖巧，被我们掌控。但是事与愿违，孩子越来越不听话，离我们越来越远。

让我崩溃的是儿子初二的时候，爸爸开始外出讲学，我成了专职的妈妈。我和所有的妈妈一样，在无助中迷茫，一心向外，欲求得百方让孩子改变。我管教他打游戏，他渐渐地背着我，偷偷摸摸地玩，我们的关系也出现了问题。在我想改变他的过程中，他看我不顺眼，我看他都是毛病。他挑我的刺，我挑他的刺，我们活在彼此的负面情绪中。我们都知道这样不好，但是我们不知道该怎么办。直到有一天，孩子说："你是我的妈妈，当我有情绪的时候，我不朝着你发，我朝谁发？我知道我发脾气不对，但我不知道该怎么办，反正你不会把我怎么样，你会让着我，所以我只有朝着你发。"那一刻，我在反思，孩子冲我发脾气，是因为我对他的接纳，从某种意义上来说，这是好事情，孩子在家是安全的。

学校的竞争激烈，每个孩子都想名列前茅，他们是有压力的。而我们似乎从来没有习惯，也没有能力去读懂孩子为什么迷恋游戏。

上初中后，孩子逐渐进入了觉醒期，自我意识在觉醒，开始挑战父母、老师的管教，想超越父母和老师。因为他们认为自己已经长大，他们要突破父母和老师设定的条条框框。当他们突破不了，又被压制的时候，网络成了发泄的出口。他们活力四射，朝气蓬勃，对这个社会充满了好奇，什么事情都想参与。他们认为自己可以脱离父母，但是又离不开父母，处在矛盾时期，知道做不到。而父母还是把他们当作小孩，不敢放手，不敢给他们适当的空间。

花儿要盛放，我们说开放不安全，于是用一个罩子把花罩了起来。花儿拼命地挣扎，希望突破罩子，绽放自己，于是我们不停地加固罩子，并骂花儿叛逆。

让孩子成为他自己，这句话在父母这里是多么难做到。我们在不知不觉中用自己的方式，希望塑造一个完美的小孩，我们的爱成了一种伤害。不是孩子有问题，而是我们的高度已经无法引领我们的孩子。孩子的问题，是在提醒我们，父母的能力已经引导不了孩子了，父母需要成长了。孩子的问题，给了我们彼此成长、提升、修复的机会。

当孩子发脾气的时候，我开始学着忍耐；被委屈包围的时候，我学会了自己释放。庆幸，我用自己的改变在影响着孩子。

现在，我的孩子上了高中，他还是会不断地制造问题，为我们带来“惊喜”。我最大的成长是，当问题来的时候，我不再被问题迷惑，我学会了读懂问题背后孩子的需要，尊重孩子的想法与需要，而不是坚持我的想法与需要。当我们在孩子的问题中，接纳孩子的情绪，包容孩子的行为，孩子正在越变越好！

如果我的孩子一生必将犯下一百种错误，那么我愿意在他还在我的身边的时候，在我的陪伴下，把这一百种错误统统地犯完。我愿意做他这些缺点、问题和错误的最坚强的支持与依靠。而不是像过去那样，我把他死死地抓在手中，害怕他错，害怕他走弯路，然后指责他、抱怨他、嫌弃他、伤害他。我正在用我的成长接纳一个真实生命的绽放！被问题和缺点泡大的孩子的生命，充满真实、多彩、幸福的味道！

无论孩子成为什么样，无论孩子有多少缺点和问题，他都是独一无二的存在，都是我的幸福、我的骄傲！

与“狼”为伍的日子

读到一个小故事，说有一个素食者养了一条狼，给狼也吃素，但是狼不吃。他认为是自己的厨艺有问题，于是报了厨师班，把素菜烧出了五星级酒店的厨艺水平。回到家，他精心给狼烧了一顿素食，可是狼依然不吃。这个人非常委屈，他说我已经很努力了，为了你，我付出了那么多精力和心血，你为何如此这般不领情？狼也很委屈，它说我的要求如此简单，就是一根骨头，你为什么就是无法满足我？就这样，彼此不得其解，陷入痛苦中。

其实，在生活中，我们父母就是那个素食者，孩子就是那条狼。我们认为我们已经给了孩子最好的，但是孩子越来越不喜欢与我们相处，越来越多的孩子叛逆。孩子用叛逆的方式提醒我们，是不是给错了？

如何在遵循规律的前提下给孩子最好的家庭教育，是我们父母一直困惑的问题。有一阵子因为暴雪学校停课，孩子们回归家庭。群里的朋友在分享，孩子在家不写作业，看着就烦，有时还和她顶嘴，让她感到伤心。我非常理解妈妈们的心情，因为我和我家的“狼孩”也正在争吵。

孩子放假，就如同从笼子里放出来的狼，充满了野性与攻击性，心完全飞离了课本。看着老师每天辛苦地在群里布置作业，我感到很惭愧，恨不得让孩子赶紧写完，报答老师的努力付出。可是孩子不这样认为，他们觉得好不容易放假了，应该放松一下。这时家长的逼迫就是开启家庭战争的导火索，即使人被逼，坐在桌前，心也不在写作业。我家“狼孩”和他的初中同学、高中同学们聊得不亦乐乎，我看着也是感到头痛，不知道如何回馈老师的这份付出。

记得在刚刚放假的一个大雪纷飞的下午，“狼孩”要跟姐姐去看电影，然后又说看完电影还要跟同学出去玩，当时我的心里是不接受的，感觉不踏实。首先，天气预报不停地在提示注意安全，有暴雪，我觉得大雪天不安全；再者是我不希望他和同学出去玩。为了他的去留，我们两个发生了语言上的冲突。最终他还是去了，说晚上十点回家。争吵的过程是通过语言彼此伤害的过程，虽然我们都“刹车”了，但是情绪都不太好。

孩子出去以后，我平心静气，觉察到自己还是不放心，不敢放手。想管住孩子的家长都是无力的，管一分，孩子抗拒一分；管十分，孩子抗拒十分。孩子大了，父母的权威已经被撼动，但是我又不敢放手，这拉扯的感受着实让人痛苦。想想从小学到现在，他一直都在玩，我们一直认同他玩，所以他没有心理压力与负担，玩得也是大大方方、坦坦荡荡，没有像别的孩子一样偷偷摸摸。所以，认可孩子的行为，其实也是把孩子放在可观察的范围，有利于我们看见孩子的行为。孩子的行为被认可，他的心理也是积极、健康、阳光的。因为下雪停课，在他的认知里，是放假了，就是要玩；而家长却认为不算放假，得听老师的话，完成学习任务。大家彼此不在一个频道，难免有分歧。

“狼孩”终于还是出去玩了，我学着自得其乐。晚上在约定的时间，他打电话给我，说正在回家的路上。

第二天早晨，我打开电脑看见儿子用QQ发来的信息："今天不该那样跟你讲话！"我很开心，孩子能够觉察到自己的行为与语言。我立刻回了一段话："妈妈也有错，妈妈不该担心你，你已经长大了，有能力保护自己，你一直是个让爸爸妈妈放心、让爸爸妈妈幸福的好孩子；你做事情很有分寸，妈妈应该相信你。同时，也希望你理解妈妈的心。从小到大，你经常调皮捣蛋，用玩具去掏插座孔，用手摸烧着的煤球等。你不断探索也会触碰危险，让妈妈想要保护你的心一直不敢放下，早已成了习惯。不知不觉，你这个小屁孩已经长大了，但妈妈还不敢放手。希望你多包容妈妈，给妈妈一些时间，让妈妈学会慢慢地放手。"

和"狼孩"相伴的日子，有争吵也有反思。我们在争吵中，试着用正确的方式爱对方，彼此包容，彼此成长。在我和"狼孩"的战争中，我发现作业只是家庭战争的幌子。更多的时候，是我们对孩子未来的不确定性的恐惧。我们太渴望孩子的未来是完美的，因为太在乎，所以害怕失去。在不确定未来的时候，就必须紧紧地抓住孩子的学习，希望通过确定孩子的学习来保障未来。不敢放手，担心学习不好带来不好的结果，事实上，是我们无法接受孩子的行为带给我们不好的结果。我们渴望通过孩子成绩好，给自己找回一点面子和安全感。在不知不觉中，我们开始只爱成绩，忽略了孩子本身。我们害怕面对，并通过担心、想象去放大孩子的不好，放大自己的恐惧，并把自己的恐惧强加在孩子的行为上。孩子坐在课桌前，我们感觉安全了，心就放下了。我们每天催促孩子起床、吃饭、上学、写作业，不知道何时起，孩子的事情都变成了我们的事情。被动地付出就是强迫，就是压力，就是负担，就是抗拒。孩子听不懂真理，但看得见利益。所以孩子活在当下的快乐中，未来不在他们考虑的范畴。如何助力孩子，让孩子能够开心地为自己学习，是我们最大的课题。我们开具的好好学习、考上好的大学、找个好工作这些未来的空头支票，让孩子越来越觉得未来的生活是那么的遥远。

在观察儿子的过程中，我发现他的学习动力来自对父母的爱与责任，就如同我们对他的爱与责任，彼此都是在为对方活着。他对自己的未来是迷茫的，所以他的学习是被动的，是父母的爱在支撑着他此刻的学习动力，而不是自己的梦想。所以，当亲子关系出现问题，就是孩子学习出现问题的时候。

生活把我们带进了日新月异的大潮里，该如何活着，我们自己都迷茫。所以，有时会不知不觉地把自己的担心、恐惧投射到孩子身上。我们执着孩子的成绩，是因为我们对现在的生活并不满足。所以，我们过度地把美好寄托在未来上。我们渴望未来，并会执着于未来，然后忽略现在，冷落现在。

孩子原本拥有狼性，我们渴望他们成为出色的狼，却时不时地想让他变成乖乖羊。我们作为父母也很矛盾，如何让他们能够保持狼性，而不会把他们变成一只羊。让他们未来更好地融入社会、适应社会，应该是由我们给孩子最好的爱与教育。农民种庄稼，光靠爱不行，还要懂得种庄稼之道，才有好收成。

孩子教会了我很多，他让我知道，不是我要紧紧抓住他的手，而是我需要学习如何放手。

我很感谢与“狼”为伍的每一天，他不断给我制造课题，让我成长。如何让他最终成为驰骋在未来的“狼”，我和他正在一同努力。

车钥匙丢了

按照惯例，上晚自习的儿子这个点应该到家了。我正在纳闷怎么还没有到家时，一个陌生的电话打过来，我犹豫地接了。儿子借用他们学校的门卫电话，告诉我电动车钥匙找不到了，让我过去接他。我立刻出发，开车去接儿子。

到了学校门口，远远地看见一个人影徘徊在学校门口的马路上，显得很孤独。整个校园静悄悄的，儿子独自一人在夜幕中显得无助，让我有点心疼。看见我的车，他感觉踏实了，上车立刻解释说："我感觉钥匙没有丢啊，怎么就找不到呢？一串钥匙掉下来会有响声，即使我没有听见，同学也会看见，也会提醒我。"接着他又说："难道是同学开玩笑，把我的钥匙藏起来了？开一下玩笑，到放学的时间，也会把钥匙拿出来呀！"他左思右想，也不知道钥匙丢在了哪里。我感受到了儿子的纠结，以及找不到钥匙带来的挫败感，正在影响他的心情。

于是，我开玩笑地说："两种答案，如果是掉了，掉了就掉了，着急也没有用；如果是没有掉，是同学拿的，说明你人缘关系好，同学喜欢和你开玩笑。你的同学，一定是希望你有一个难忘的高三回忆，他们知道你最近努力得有点累，想要逗你开心，结果放学时忘记给你了。"听我这么说，儿子说："折腾到现在，我已经够难忘的了。"虽然他的语气是不屑的，但是我感觉儿子已经放轻松了。然后，我又接着说："一切都是最好的安排，无论是同学拿的，还是丢了，现在放下钥匙，安心回家睡觉，把答案交给明天，明天会揭晓。"我们两个人一路侃侃而谈，到家后，他不再提钥匙的事情，安心地逗猫，写作业，睡觉。第二天，他让我把备用钥匙给他，我很开心地对他说："祝你好运！"他也关心我，提醒我记得把大门钥匙拿下来收好。

其实，一切的发生对孩子而言都是学习的机会，都在用另外一种方式帮助孩子增长心智。我很感激自己没有破坏孩子体验的机会，只是让孩子学习、面对事情的发生，磨炼孩子遇到事情的心态，努力接受，重新开始。其实，无论钥匙是丢了还是被同学藏起来了，孩子都努力寻找过了，着急是没有任何意义的。但是这种经历带来的感受，孩子是需要体验的。作为父母，如果指责抱怨孩子，就是在传递一种负担，没有价值，只会让孩子更加沮丧。因为谁也不想丢钥匙，也不想独自留在夜幕下的学校门口。

所以，当我能够感受孩子已经努力了，我就会选择积极的方式，面对孩子钥匙丢失这件事情，让孩子得到我的理解、认可和支持。因为我的淡定，孩子慢慢也淡定下来，不再纠结钥匙是丢了，还是被同学藏了。钥匙不再影响我们的心情，我们继续过我们的日子。

我们不再提钥匙，直到第三天，孩子回家开心地告诉我钥匙找到了，不知道怎么出现在书包里。我说："欢迎钥匙回来！"故事结束。我们并没有被钥匙影响，反而通过钥匙增加了对彼此的理解。很感谢自己的觉察力与成长，如果以前出现这样的事情，我的第一个念头就是觉得孩子不细心、不用心，竟然能把钥匙丢了，然后冠冕堂皇地批评他："你怎么能不收好钥匙呢？"

生活没有模板，面对孩子，我们需要活在当下。看见孩子的人，而不被事情、物质、情绪带走，在不好中保持好的感觉，找找乐，守住幸福。

经历了冷暖，便知道阳光的灿烂；人生就是在各种各样的坎坷中，寻一抹阳光，温暖自己，温暖孩子，温暖爱人，温暖家庭。穿过荆棘，总相信最美的风景在前方！钥匙丢了，钥匙又回来了，我们没有把自己丢了。

在失去中，感受拥有

当儿子告诉我电动车丢了时，我的第一反应是想埋怨指责，张口就问学校门口怎么会丢车呢？那个当下，我的念头已经飞了。我在想，接下来上学没有车怎么办？我有点急躁。儿子回到自己的房间，我带着情绪在做饭。过了一会儿，爱人给我打来电话，说儿子刚刚跟他沟通，车子陪伴了儿子，和儿子一同经历了很多，车丢了儿子很难过，同时希望爱人来劝我，让我不要心疼、不要生气。爱人的话提醒了我，我有点惭愧。那一刻，我把车子看得比孩子重要，忽略了孩子的心情。

孩子说钥匙没有拔，所以车被别人骑走了，学校外面又没有摄像头，不知道被谁骑走了。我可以想象他快要迟到，匆匆忙忙放下车子、赶时间的仓促画面。抛开丢车这个结果，我应该看见孩子想好的愿望，他不想要迟到，他想要表现好。只是他即将面临迟到，所以他焦虑紧张，忘记拔车钥匙。

孩子和我们大人一样，都会犯错。看见孩子丢车背后的原因，我开始释然，不再去纠结。想想失去未必就是一件坏事情。我相信丢车不是孩子内心所想的，也不是孩子故意的！我也曾丢过车。十几年前，用一个月的工资买了一辆自行车，骑了一周就被偷了。当时，心里就像被猫抓了一样，每天盯着马路上的车看，想找回，感觉自己快成傻子了，那种失落、伤心的感觉记忆犹新。那时的我困在了丢车后的自我责怪中，忽略了自己的感受，把自己折磨得快要疯了。现在想想，我豁然开朗，虽失去了自行车，我却收获了一份永生难忘的经历与感受。

有所失去，必将有所得到。何谓得到？何谓失去？关键是我们从哪个角度去关注。失去的是车子，我和孩子在失去中会得到什么呢？当我不困在丢车的失落中，我开始静静地内观自己。失去电动车，我就要开车送孩子，我得到了和孩子更多的相处机会，会加深亲子关系。失去电动车，孩子得到了一次自我修正的机会，下次他会注意自己的行为。我们俩共同得到了一次面对发生、调整情绪、把控情绪、提升能力的机会。没有执着于失去的车子，就是让不好的发生即刻停止，我们开始享受到好的发生，得到拥有的美好。

感恩我们控制了低落、沮丧、糟糕的负面情绪，没有让其扩散；让发生成为过去，没有影响我们的生活。如果我们纠结于丢车事件，并相互抱怨、指责，我们就会持续陷入负面情绪中。

感谢自己学习，感谢自己成长，这让我能及时放开丢车的负面情绪，开始关注得到的正面情绪。停止关注负面情绪，就能让我们彼此保持在平衡的积极状态，让家保持和谐的状态。

感恩发生，让我和孩子再次成长。

一念迷途，一念天堂

中午，孩子一边吃饭，一边看着球赛。他专注球赛，饭菜都凉了，我感受到自己心里很不舒服，我想要制止他的行为，想批评他，但是我的理性告诉我，他已经是高中生了，我光批评是不管用的，他关注球赛，是在为他们班级的球赛做准备。

理性上，我理解他在努力学习经验、总结技术，为班级赢得球赛做准备。但是我心里就是不舒服，就是想要说他。我不断地观察自己，内在的念头不断冒出来。这个方法不行，那就换另外一种方法吧。不能说，就改用写的方式！希望通过好几个名人因工作忙忽视吃饭而身体不好的案例，给孩子灌输好好吃饭的重要性。你应该如何管理自己的行为？吃饭应该如何吃？我的脑海里，就是想要好好地给他上一堂课，教育他不好好吃饭。我有点纳闷，自己是怎么了？过不了这个坎了！

坐在儿子的面前，虽然我什么话都没有说，但是我的内心已经把要说服他的方法演练了一遍又一遍，只是被我的理性压着，没有变成行为。念头一闪一闪，行为就在时刻为接下来说服他做准备。我想要告诉他“不好好吃饭就会生病，不好好吃饭就会不健康，不好好吃饭就会不长寿”。

外表是风平浪静，内心是翻江倒海。我静静地观察自己的内在变化，看着自己在不停地折腾。

饭后午休，我躺在床上，开始把刚才闪过的念头整理一遍，我震惊了。

我爬起来，用笔把念头整理出来。吃饭时看球赛而不好好吃饭等于身体不健康，等于疾病。讲白了，就是我害怕生病。所以我才会小题大做，紧张儿子吃饭看球赛，注意力不在吃饭上。

在我关心他吃饭的同时，我的潜意识里已经有了一个对应的画面——身体不好、生病、死亡。看起来我是在关心他，但其实不是我有多爱他，而是担心、想要阻止自己内心那个预设的画面出现。

我很震惊，我沉默了。念头，就是一颗种子，我们每天是否能够觉察到自己在种什么种子？好像多数的情况下，我们是不知不觉的。种下什么就会收获什么，这个发现，让我觉得有点可怕。我爱我的孩子，可是我在种什么？我自己竟然都不清楚。我以为我的关心是一种爱，但是我没有想到，我的关心的背后是担心，而不是相信与祝福。我们打着关心的旗帜，掩藏着担心，就更加可怕了。

今天的发现，让我可以合理地解释，为什么我们的爱有时会让孩子变坏，不是孩子想变坏，是我们的“关心”给了他们坏的引导。

不会爱，爱变害。在生活中，对待孩子真的要谨言慎行。

想想自己小时候，父母忙，根本无暇顾及我们，也从来没有人过问我们吃不吃，反正饿了会四处找吃的。年轻时我们也曾边看电视边吃饭，也没有影响健康。反之现在，我们担心孩子，怕他们饿，怕他们冷，还怕他们热。我们带着自己曾经的感受去担心孩子出现差错，怕的背后是我们对他们的不信任。过度关心的背后就是担心，是想要通过控制获得掌控感和安全感，是我们自己内在的匮乏。

我继续反思，反思我的语言模式。在生活中，我们经常会收到别人关心的话语，但是感觉就是不舒服。很多亲朋好友一看见我，就说：“哎呀，你怎么这么瘦？你好像又瘦了！你要多吃点！”他们的关心让我很莫名其妙，让我感觉自己是有问题的人。我也很努力，也想长胖，但一直就是这样瘦的状态。别人的关心不断地让我看见自己的缺点，让我感觉自己很委屈。表面上他们是对我关心，实质是我瘦的样子唤醒了他们内心一个病态的画面。他们其实想要表达：你这么瘦，是不是哪里有问题？是不是生病了？要不要看医生？只是不好意思说而已。

这份觉察让我对语言多了一份慎重，对学习好好说话多了一份坚持。

相信与祝福一个人真的很难，相信并祝福我们的孩子更难。因为我们很难把眼前的孩子和自己内心的感觉区分开来。我们因为担心、恐惧和焦虑感，想要去掌控眼前的孩子，从而获得一种安全感、踏实感。

感恩我的孩子，他将各式各样的问题呈现在我的眼前，来帮助我成长。

感恩我的孩子，他给了我机会，让我看见自己的不足，让我知道自己人生的方向在哪里。

感恩、祝福我的孩子，感恩、祝福天下所有的孩子！

在问题中获得平衡

今天是孩子期末考试的第二天，七点二十分开始考试，我匆匆忙忙地起床，抓紧给孩子做早饭，希望他能够在家吃。若是平时，我都不太勉强他吃，因为早起没有胃口，反正学校食堂会供应早饭，我不需要担心他会饿。但今天不一样，要考试，孩子没有时间去食堂吃，所以我期待他能够早点起床，在家吃点早饭。

做好早饭，叫他起床时，我的脑袋里跳出昨天班主任在群里发的通知，让家长提醒孩子们不要迟到。我一直把老师昨天的关心揣在心里，构造了一个压力、焦虑、紧张、害怕迟到的氛围，让自己在不知不觉中成了急躁又烦躁的妈妈，急躁的是孩子起床慢，担心他吃不成早饭；烦躁的是自己没有睡好，难受。

孩子迷迷糊糊地睁开眼睛，问我几点了，我说："六点五十，起床吃饭了，老师提醒早上不要迟到！"孩子说了一句："烦死了！你昨晚起来干什么的！开灯弄得我都没有睡好觉！"他莫名其妙的情绪让我很不开心，我觉察到我的心里很不舒服，内在的情绪在翻腾。

孩子没有睡好觉本身就很难受，而刚才我在叫他起床的过程中，恰恰又把紧张、焦躁的感觉传递给了他。说老师提醒的这句话，其实就是在他睁开眼睛的第一瞬间，给他传递考试的压力。我很惭愧，于是迅速调整自己的状态与行为，找到刮痧板，给他的眼睛和脑袋做了两分钟的放松，他很配合，瞬间感觉他的状态与情绪都舒缓开来，然后我就去开车。上车的时候，他的状态已经恢复，告诉我他带了一点饼干，让我不要担心他的早饭。非常感谢这份觉察，让我迅速从情绪中剥离出来，调整了自己的心情并帮助孩子调整了情绪；更要感谢的是自己正在经历心理咨询师学习与考试的过程，让我与孩子实操了一份共情。

我不再以一个局外人的身份和高姿态去要求、指责、抱怨、唠叨、嫌弃孩子的不足，而是体谅孩子的不容易。这段时间，我经历了备考，让我能够理解孩子考试的感受。孩子从小学到高中，会经历各种各样的考试，当孩子在面对考试带来的压力时，如何做好妈妈很重要。孩子需要的是妈妈的支持而不是压力，需要父母给动力和助力而不是阻力。

孩子在学习过程中，每天都在接触新的知识，他们有掌握的部分，也会有没掌握的部分；有学得会的，也有学不会的。不管怎么样，每一个孩子都想学会，每一个孩子都想要学好，只是每一个人的能力和接收程度不一样。学不好会给孩子带来挫败感和焦虑感，而每次考试，就会把这种挫败感和焦虑感放大，让孩子压力倍增。每个孩子都想要通过考试来获得一份价值认同。考试意味着检验、竞争、对比、大浪淘沙，就会有考得好或者考得不好的对比。如果我们太在乎结果，就会忽略过程，忽略孩子，忽视孩子生命本身对我们的价值，忽略孩子努力的部分。

当我再次经历学习的过程，我才发现客观地对待孩子学习这件事是非常难的，也感同身受地理解孩子那份想变好的心情以及不容易。有时候，我们会把孩子生命的所有意义，简单粗暴地用分数来衡量，正是因为这样，才造成很多遗憾和伤害发生。

每个孩子都有想变好的一面，当孩子学习遇到挫折的时候，他们需要帮助，需要爱，需要正确的支持；而我们却盯着孩子失败的行为，落井下石，狠狠地踩了孩子一脚，让孩子被最亲的父母嫌弃、指责、抱怨甚至打骂。那不是孩子想要的结果，他们自己的能力和能量有限，自己帮助不了自己，他们很无助。孩子也在努力，只是成果不明显或者不是父母所期待的。当我们盯着孩子的挫败与失败，就是认同孩子不好的结果，让孩子相信自己就是那样不好的人，慢慢地他就会真的成为那样的人。其实，当我们接纳孩子的挫败与失败的时候，就是给孩子带去了坚持下去的希望，给孩子精神上的支持与爱，让孩子走出挫败，重新找到力量。

在我们父母的念头里，学习是一种很简单的事情，父母干的事情不简单，父母很辛苦，孩子不好好学习就是辜负父母的付出。我们常常用一个傲慢的评论者的身份来判断孩子的对与错，是与非，只关注孩子的行为，而忽略孩子的感受。

这段时间，我和儿子都是学生，都在经历学习的挫败与考试的压力，我开始理解孩子为什么会出现种种问题，并探索种种情绪演变的过程。

一个朋友说很奇怪，自己的孩子钢琴考了十级以后，就再也没有摸过钢琴了。身边也有朋友，多少年前就拿到了驾驶证，家里也有车，但是她拿到证后却再也没有开过车。透过现象看本质，为什么会出现这样的现象，是因为在学习中经历过太多太多的痛苦。原来，痛苦是学习的阻力，即使现在被迫学习了，因为自己拥有了被压制的痛苦，将来也不想面对。人性的特点就是逃离痛苦、追求快乐，所以看见的只是现象，看不见的才是真相。

以前我会评价孩子有问题，但是，当我自己经历学习过程的时候，我发现我的评价源于我们对孩子行为的不理解，把正在变得不好的孩子推向持续的不好。例如，孩子玩游戏，我指责抱怨孩子，让孩子玩得更加沉迷，最后我把孩子推给游戏，我和游戏一起毁掉孩子想要变好的心。

每一个现象背后都有一个真相，而我正在用我的经历演绎这个过程，去探索这些问题背后的情绪。爱人给我报了心理咨询师资质考试，刚开始我信誓旦旦地认为自己一定可以轻松学习，但是当我一看见枯燥无味的专业术语、生物学内容、外国人的名字，我就晕！我的第一反应就是我被爱人坑了。每天面对新的知识点，背不下来，无法理解，感觉自己非常挫败。当我强行打开自己的大脑时，我快乐的感觉没有了。我压制了自己不舒服的感受，只是为了记住某一个专业的名词，结果不但没有记住，自己原来的感觉优势也失去了，我活在自己的挫败感中。朋友问我，最近简书的分享为什么少了，我回答是没有时间，但更准确地应该是我没有感觉，写不出来了。

我没有灵感，只是因为我的心被挫败的感觉控制。无论做什么事情都感觉不踏实，觉得还没有好好学习。我的心被它干扰，我被学习的困惑套牢了。我在思考，为什么我要经历这样的过程与感受？我经历这样的感受，它的价值是什么？我真的需要通过一张心理咨询师证书来证明自己的人生价值吗？好像不是。忽然我明白了，其实我经历的学习苦，是为了让我能够理解孩子的不容易，理解孩子的苦，理解他人的苦。我开始观察，观察自己在学习中的各种各样的情绪，以及情绪下的行为。

首先是爱人给我的定位——考一个证书。爱人说考一个证，可以让自己名正言顺，我觉得他是对的。学着学着，我感觉自己有点挫败，老师每一节课都会提到考试，我的心里对考试产生了抗拒，学习已经不再是一件快乐的事情，我太想要结果，但是结果不确定，我开始患得患失。我开始纠结，自己的内心渴望通过努力证明自己，但是当我的挫败感让我开始怀疑自己的时候，我产生了放弃的念头，可我又觉得对不起爱人，对不起那笔钱，我很难受且惭愧，当这种情绪没有地方排遣的时候，我的第一行为是朝着爱人抱怨。我希望他能和我吵一架，让我能平衡自己的愧疚感，这样我就可以心安理得地学不好或者放弃。但是爱人一直包容我、安慰我，让我无法自我放弃。每天面对学不会的新知识点，我很沮丧，想逃离，于是我开始看电视、看小说，寻找一些可以让自己快乐的事情。教务老师不停地给我发信息，我也不看。就这样，一个星期没有看书、没有听课，终于理解逃课的心情。不看书、不学习，不代表自己就快乐，其实心里并不好受，那只是我逃避痛苦的掩饰。我突然明白有时候孩子学不好的状态也是这样，面对父母也有罪恶感和羞愧感，当孩子无法用成绩回报父母的时候，孩子其实是无助的、不自信的。

我想变好，但是我又做不到的时候，就不断地否定自己的能力，其实是在自我伤害。所以，当我们在面对孩子沉迷某种行为的时候，不要轻易地下结论说孩子不求上进，也许此时的孩子内心是最脆弱的时候，也许他在逃避自己内在的不自信。

我想要用证书来证明自己，但是当我做不好的时候，我就对自己产生了怀疑。不是世界让我怎么了，而是我自己放不过我自己。当我试着放下对结果的执着的时候，我看见自己已经有所收获了。我经历的过程就是收获，我今天对孩子的情绪处理就是我的收获，我开始从另外一个角度看自己。允许自己挫败，允许自己不够优秀，允许并接纳自己不完美的部分，我的允许恰恰是让自己坚持继续学习、爱自己的最有效方式。游戏、小说、网络中的美好都是痛苦的避阳伞，都是脆弱的掩饰，危害我们的不是它们，而是内在的不允许和不接纳。

自己平衡不了内心世界，就会被外界的游戏、小说、电视等带走。真正脆弱的是那个正在沉溺于虚拟世界的人，因为他们不敢面对自己的不好，没有能力让自己变好，也不再相信自己会变好。他们正在通过虚幻的世界逃避自己的责任，逃避父母老师的批评、指责、抱怨和打骂，但这其实是在强化并放大内在的感受，把他们逼迫至永久的逃避，甚至是自我放弃。

每一个孩子的内心都聚集着三股力量：一个是想变好，想成为优秀的自己；一个是正在经历内心的感受带来的正面力量或负面力量；还有一个是通过认知来控制自己、平衡自己。

当内心想变好的力量小于学习带来的痛苦时，就会形成阻力，阻力大于孩子想要变好的动力，孩子就无法平衡，此时就需要父母与老师用爱与相信来支持。而很多父母恰恰是搞反了，孩子不好的时候，盯着孩子的不好，对孩子唠叨、指责、批评、打骂，天天强化孩子的不好，让孩子没有变好的机会，也是给孩子增加阻力，让孩子更加无法平衡自己。

每一次的挫败都是孩子整合自己人格的机会，可我们很多父母忽略了这点，而是执着于孩子没有考出好成绩，让孩子活在了分裂中。

和孩子互相学习的这段时间，让我更加了解自己，也体会到了学习是一个过程，这个过程本身也是收获，如果否定过程，一味地执着结果，会让我们活在焦躁不安中。

孩子的一生是一个过程，如果我们能够理解过程的重要性，我们就会感恩每一个过程。

感谢自己成为学生，感谢自己正在体会学习的酸甜苦辣，理解了孩子，让自己和孩子在问题带来的不平衡当中，学会了如何保持爱的平衡状态！

放下手机，寻找和孩子同频的感觉

中午接儿子放学回家的路上，他跟我说："妈妈，中午我需要用手机几分钟，有一件事情需要处理一下。"我说："好，我相信你。"儿子说："本来手机就是我主动要交的，有什么相信不相信的。"孩子真的很敏感，他听到了我的话，还能够懂我内心在想什么。觉察到自己的语言背后其实有不信任，我是想用"相信你"来绑架儿子，让他自律。

我立刻切换语言模式："我不是相信你能按时上交手机，我是相信你说你有一件事情需要处理。"儿子沉默了。我接着说："手机就放在孔子先生的后面。"儿子"噢"一声，就沉默了。

吃饭前，儿子的手机准时放回，他还告诉我，放在孔子像后面有灰尘，最好用一个塑料袋封一下。我立刻答应，马上照办。原来，很多时候我们的担心是多余的。

上一届高考前一段时间，儿子跟我说："妈妈，等到学长学姐们高考结束，我就把手机交给你，双休日给我，平时我就不看了。"听到儿子这么说，我很开心，他终于知道要收心了。同时，我也不太确定，因为孩子说是一回事，做又是另外一回事。大人都不容易做到，更何况是孩子。正好爸爸也在家，爸爸来了一句："儿子，我等你这句话，等了十几年了。"儿子说："没有你说的那么夸张吧，我上高中才几年？"

我们没有刻意控制他使用手机和其他电子产品，从小学开始他就玩平板，初中就有了自己的手机。高中的时候，爸爸又送了一部最新款的智能手机给他。对于给高中生送手机，我心里是一千个不乐意，可是爱人坚持要让孩子学习自己面对手机，哪怕栽跟头，也要让他学会正确使用手机。爱人的观点是，如果现在不让他学会管理手机，那么到了大学也一样要经历，与其那样，还不如趁孩子还在我们身边，让我们把握住观察、帮助、引导孩子如何使用手机的机会。初中时期，手机在双休日使用。高中时期，手机不允许被带到学校，但是放学在家的时候，让他自己把控，给他更多的空间与自由。孩子能够控制自己吗？我表示怀疑。好在，他从小就已经养成到点就交手机的习惯，只要谈好时间点，一般就会遵守，不会过分超时。我们之间并没有太多的冲突，只是有时需要提醒他一下。据我观察，他平时用手机，基本上是和同学聊天，看球赛，看新闻，偶尔也会玩玩游戏，基本上每一项都涉及，并不痴迷。

当使用手机合理化的时候，他是安全的，所以他玩手机里的任何东西，都是不遮掩、不躲避的。

上一届高考结束后，儿子就要升高三了，他要把手机交给我。其实我的心里还是有点担心。这手机说交就交了，你说再也不看手机，这诱惑能抵得住吗？每天不碰一下手机，他是不是很难受？会不会讲话不算数？想什么来什么，刚刚把手机交给我，他又说，我洗个澡，手机给我听听音乐。我的心里“腾”地跳出一个声音“说话不算数”。但是，我的理性告诉我，相信孩子，耐心等待。

在他洗澡的过程中，我在思考如何把手机收起来。我该如何保管他的手机，既能够监控他，又能够促进他自控？藏，说明我不信任他，就是我在掌控。是像平时一样藏起来，还是放在明处？最终，我决定给他的手机来一个封机仪式，用一个红包把手机封起来，红包上面写一行祝福他的文字！

等他洗完澡，我让他亲自把手机装进红包里并封装，我并没有像往常一样把手机藏起来，而是把它摆放在客厅，放在孔子先生像后面，以示恭敬！他也天天都能看见。同时，为了体验他的感受，我也减少了看手机的时间与次数，但是不看手机是挺难受的，总觉得不踏实，不知道大家都在干什么，聊什么，就想拿起手机瞄一眼。有一种被遗忘，觉得自己被抛弃了的失落感。

手机，已经成为我们和外界密切联系的工具，一旦掉线失联，就有一种莫名的不安。于我而言，手机已经成了我获得快乐的渠道，我不知道孩子是不是和我一样。

当我通过自己放下手机的体验，看见自己对手机的依赖时，我对孩子就多了一份理解与相信。我也尽量考虑孩子的感受，在孩子面前不再使用手机。

以前在接送儿子的过程中我会看手机，现在，我会随身携带一本书。孩子说，放下手机，他基本做到了，我很感动，孩子比我强大。我的孩子算不上优秀，但我的孩子一定是最真实的那一个。他把喜怒哀乐和优缺点，通通呈现在我们的面前，没有掩藏，因为他是被接纳的，他是安全的。

在孩子成长的道路上，都会出现这样那样的问题，那是孩子对这个世界的探索，是经历的过程，而经历又是孩子一生的财富。只要相信，问题都会过去，跌倒都能爬起来。

相信，是一种强大的力量；相信，是生命的第一桶金。有爱有信，就有奇迹。

每个孩子都是一朵花，每个孩子的花期都不一样，静等花开，相信奇迹！和孩子一起放下手机，在同频的日子里，让我多了一份看见，多了一份懂得，多了一份相信！

感恩放下手机的体验，感恩和孩子一起的经历。

十二分的考验

班主任老师在班级群里发布孩子们的周考成绩，我虽然常说分数不等于孩子，但是心里还是迫不及待地想知道孩子的成绩。中午接儿子放学，在等待的过程中，我搜索查询着孩子的成绩。一行一行，终于找到了儿子的学号，但是我却非常吃惊，怀疑自己的眼睛，揉了揉，再次确认——语文成绩十二分！我怎么都不相信这是我孩子的成绩，但事实就摆在我的眼前，容不得我不相信。而且在分数后面，老师还用记号笔打了三个重重的问号。那三个问号，如同三座大山，压在我的心上，让我不知所措。这样的分数，如果老师找我，我该如何面对老师？老师是不是失望极了？

到底发生了什么？脑袋有点恍惚，心里的感觉依然是不真实。从小到大儿子还没有出现过这样的分数，我心里不相信这是儿子的分数，但是我又不得不面对老师发的成绩，我很矛盾。分数上标注的三个大大的问号刺激着我的心，我在猜测，老师打这三个问号的时候是什么样的心情？老师把分数发到家长群里，是要敲打我们，让我们警醒吗？这样的分数，让我想要冷静也冷静不下来了。

孩子最近状态还可以，也在不断地改变，相比高一，他的变化已经很大了。高一那么调皮捣蛋，也没有考过这个成绩，现在他开始努力了，怎么会这样呢？我百思不得其解。此刻，我发现自己有点乱，赶紧强迫自己冷静分析。首先，分数来得有点突然，出乎预料，没有一点儿征兆；其次，这样的成绩如何能挑战高考，我很担心；最后，这样的分数，让我觉得很没有面子，无法和家人交代。我觉得努力白费了，内心开始沮丧。就在一瞬间，心里有无数个情景和感受出现。

当下，我发现自己陷在了这十二分中，活在了担心的感受中，我不想面对这个成绩。这真的是一种考验，我该怎么面对老师、面对孩子？我在沉思中反省自己，开始怀疑自己所做的一切。

在校门口等待孩子放学的空档，我脑海里不停地胡思乱想。老师是不是在批评孩子了？如果批评了，等下孩子来的时候，我应该保持一个什么样的心情？理性告诉自己需要保持一个好的心情，但是情感上还是想要质问他为什么会考出这样的成绩。我很努力地在跟自己抗争，想要稳定情绪，正确地对待这件事情。终于等到孩子来了，他说他去买了一支笔，耽误了一会儿。在他上车的一瞬间，我观察他，感觉他很平静，嘴角还翘着笑容，瞧着一点也没有考十二分的郁闷与沮丧。我有点纳闷，这表情和我想象的反差也太大了吧。实在忍不住了，问他语文考得怎么样，他说还行吧。我惊讶于他的冷静，但我的内心已经开始批评、责备、嫌弃了。最后实在憋不住了，我说老师发了你的成绩，我看到你的语文考了十二分，老师还在你的分数后面标注了三个问号，啥意思？可能我的语气不是太好，有指责、有怀疑，让他有点恼羞成怒。他立刻反驳我："妈，你也不动动脑筋，谁的语文会考十二分呢？"我说我是动脑筋了，就是没有思考出你为什么会考十二分。可能是我的态度有点强硬，他很气愤地跟我解释了一通。原来，因为转班，这一次的考试成绩没有被电脑扫进去，其他老师手动添加了他的考试成绩，语文老师可能是忘记了。所以他自己给语文成绩后面标了一个符号，提醒老师帮他改分，而我却把符号当作了老师对我的敲打，给自己制造了压力。

就在这短短的一瞬间，我看见了自己内心的匮乏。我还是没有能力接纳孩子突如其来的惊喜与惊吓，也会放大孩子的不好，我不相信孩子。

接着，儿子又给我来了一句："既然你看见了，我爸肯定也看见了。你赶紧给我爸解释一下，他现在比较忙，一个人在外地，别伤了他。"孩子的话让我流泪，让我惭愧，孩子爱我们比我们爱他纯粹，我们的爱是带着条件的。

如果孩子真的考了十二分，我还有能力爱他吗？答案是否定的，我很惭愧！

面对十二分，我被担心、怀疑、嫌弃、恐惧绑架了，不相信孩子，放大自己的恐惧，去攻击、嫌弃、指责、抱怨孩子。忘记了我是妈妈，孩子不好的时候需要妈妈的信任和支持！如果孩子真的考了十二分，他要的不是妈妈的指责，而是妈妈对他的信任、支持与爱，要的是妈妈能够理解他内心的感受，相信他，呵护他。

父母面对孩子的问题，是雪上加霜，还是雪中送炭？十二分，给我上了一堂现场课。

第五章

母爱助力高考

和谐的亲子关系，能在孩子有压力时给他提供归属感和安全感。

孩子是父母一辈子的情感牵挂；父母是孩子遇到困难时心中的那一盏灯，是希望、信任、勇敢、勇气、担当。

当亲子关系断了，孩子遇到困难，就成了无根之草，孤独、迷茫、无助……

种子的力量

和父母相处的时候，父母不经意的语言和行为，带给了我无尽的伤害，随着时间的推移，成了我生命的一部分。

小时候，父亲的一句玩笑话，影响我至今。他曾对我说，让我长大了多孝顺他，因为在我刚出生的时候，妈妈不喜欢我，不想要我，多亏他保护了我。虽然，我对父亲的玩笑话表示强烈的抗议与不信任，但是那一种被嫌弃与被抛弃的感觉，已经不知不觉地进入了我的内心世界，造成我四十多年来的自卑感。

母亲常常在我耳边唠叨，我们上学需要交多少钱，女孩子不需要读那么多书。母亲对金钱的态度让我一直活在对金钱的恐惧和花钱的罪恶感中。这些都潜移默化地影响了我的生活，成为我幸福的障碍。

当然，父母给我们温暖的部分，也会长在我们的心中，成为我们生命的一部分。

我的家中常备热水袋、艾灸等各种各样的养生小工具，爱人和孩子的身体一有点不舒服，我就会用这些帮助他们缓解。

我曾经认为自己是无师自通，有点小聪明。现在回过头来想，我只是模仿并延续了妈妈对待我的方式。

小时候，在寒冷的冬季，妈妈总是在临睡时灌上热水袋捂热被窝，早晨把我的棉衣棉裤放在柴火上烤热，再给我穿上。妈妈捂热被窝和棉衣棉裤的温暖的感受，在不知不觉中，伴随了我四十多年，从而演变成了我现在爱孩子、爱家人的能力。

而在寒冬，和父母围着柴火烤火，妈妈往火堆里扔玉米粒，变出了爆米花，我在地上找寻的欢喜感，让我对烹饪美食情有独钟。我喜欢做饭，也喜欢研究各种各样的美食，儿子经常说他是我的实验对象，在他的“抗议”中，我乐此不疲地提升了厨艺。其实，吃什么已经不重要了，重要的是我一直存储着玉米变成爆米花那瞬间的快乐。当我开始回溯过往，我深刻地体会到种子的强大。

父母的念头是种子，行为是种子，声音是种子，身体的每一个细胞都是种子。每一天，我们把各种各样的种子播撒在孩子心中，成为孩子明天的样子。

父母种什么，就会有什么，未来孩子的内心是杂草丛生，还是鲜花满园，完全取决于父母的播种。

从现在开始，让我们努力在孩子的内心世界种下相信与美好。

看在眼中的忽略

进入高考倒计时，时间紧迫，容不得陪读妈妈一点清闲，我和孩子一起感觉到了空前的压力。我害怕看见孩子不好的一面，担心孩子不好的一面，最怕在班级群里看见为孩子生病请假的消息。我因此非常关注儿子的身体状态，因为这几个月不能生病。

中午放学，我在校门口等了半天，才看见他端着一碗吃的过来。一上车，他边埋头大吃，边说汤汤水水喝了就是舒服。

我纳闷地说："这是带的早饭啊！怎么现在才吃？"他毫不犹豫地回答："早晨肚子疼，吃不下。"我接着问："发生了什么？"他说："昨天下午体育课喝了冰水，晚上又喝了脉动。"我有点气愤地说："你在作践自己的身体，我严重抗议！"他没有吭声。

回家，他吃了两口午饭，就不想吃了，说难受，让我给他弄点药。我有点咬牙切齿地挖苦道："大冬天，喝冰水，牛人！"我没有给他吃药，只给他弄了个热水袋热敷。

连续两天，在他睡觉的时候，我都给他一个热水袋。

今天早晨上学前，他又跟我说："妈，我的肚子还是有点难受，怎么老是不好？要不要吃一点药？"我说："这是不爱自己的下场！"

我感觉到自己的语调不好，听到孩子说不舒服，我没有关心与心疼，反而阴阳怪气。刚说完，我觉察到自己说错了话，立刻闭嘴，送上一个热水袋，替代我的关心。

回放早晨的画面，一大早，在热被窝里被闹铃吵醒，睡意蒙胧，根本就不想醒来，被吵醒的感觉很难受，但因为我是妈妈，就必须起床，用心做早饭，我用妈妈的身份强迫自己起床。为了给孩子做好后盾，我不允许自己懒惰、脆弱，我也不能够看见并接纳别人在我面前脆弱。

所以，早晨儿子跟我说肚子还是有点难受的时候，我的内心是抗拒、不接受的，我已经负重前行了，不想再背负你的不舒服。

恍然大悟，我抗拒孩子，是因为没有照顾好自己。看见自己的需要，理解自己的感受，心疼自己的努力，拥抱自己的不容易，与自己的脆弱和平共处，才是一种有力的持续。

父母需要提升爱自己的能力，让自己强大起来，才能够爱孩子。

当我看见了自己的感受、需要时，我获得了自我整合后的和谐，才能够接纳孩子的行为、孩子的感受、孩子的需要。

其实，孩子跟我表达肚子难受，他并没有想干什么，他只是在表达自己此刻的感受，需要我知道他正在难受，需要我看见他的不容易。可是我用自己惯有的想法曲解了他的表达，也扭曲了他的感受，也就忽略了在我眼前的孩子。

他说肚子还有一点难受的时候，我无法接受，甚至想逃避、对抗。过去的惯性思维模式，让我的内心还潜藏着一个怀疑的声音："他是不是小题大做？肚子疼这点小事情不值得一提，他是不是不想上学了？"

所以，我才抗拒他的声音，忽视他的肚子疼，指责他不爱自己。

我看见了自己，我就看见了孩子的不容易、孩子的努力、孩子的坚强、孩子的坚持。

晚上睡得很迟，早晨在睡梦中被我喊醒，他也同样面临早起的难受、冬季的寒冷。因为自己是高三的学生，他不得不坚持起床、上学，即使肚子不舒服，他依然在坚持！

肚子不舒服两天了，他还在坚持，还没放弃！孩子比我坚强。

早晨的那一刻，他只是在我面前示弱了一下，表达自己难受的感受，他需要我看见他的坚持与坚强。

而我，因为自己的难受，拒绝了孩子示弱的机会。

我反思决定，不轻易打击孩子，给孩子随便贴标签。即使肚子疼是因为他错误的行为造成的，也不能否定孩子积极努力的部分，因为在我们不知道的地方，孩子也在努力。

为了弥补我的惭愧，我立刻给他写了一张小纸条，贴在他的床头。

儿：

谢谢你的努力，辛苦了！

肚子不舒服，你依然在努力、在坚持，妈妈很感动！

你正在用自己的努力与坚持，创造自己的未来！

爸爸妈妈祝福并支持！

中午睡觉，他咧着嘴巴笑着说：“妈，你把我的房间都贴满了纸条，我是不是要给你准备一个房间，让你放纸条？”我说：“可以，我等着。”

感觉他平衡了，贴在他床头的纸条，他也没有撕下来，只是告诉我，再给他一个热水袋继续敷肚子。我说：“好，妈妈就是你的热水袋！”

面对每天的学习，孩子是在本能的需要与习性中，和学生的身份、责任斗争，他们每天也在不断地挣扎。他们也想考个好成绩，考一所好大学。但是他们必须面对现实，体会压力、竞争的过程。

他们也想变好，也很努力。但是，他们也有疲惫的时候，也有不舒服的时候，也有脆弱的时候。他们和我们一样要面对来自自我与环境的压力，以及各种各样的情绪。而我们需要帮助他们化解情绪，而不是给他们增加情绪与压力。

我告诉自己，留心观察孩子的每一天，欣赏孩子的努力，允许并心疼孩子的脆弱，看见孩子的行为，感受孩子的感受，给孩子需要而不是我需要的爱。不要让就在我们身边、就在我们眼前的孩子，被我们忽略，消耗孩子的动力，增加孩子的阻力。

陪伴孩子不是一时的兴起，而是在每时每刻、每分每秒。孩子需要你的时候，及时回应，成为孩子身体与精神上的依靠，给予孩子安全感，给到孩子战胜困难、坚持下去的动力。

爱，从看见孩子开始！

奔跑的孩子

儿子下楼已经七点十一分了，他姗姗来迟，我担心他迟到，担心被老师批评，就拼命开车。我不想让他迟到，我把准时到校当成了我的事情。

儿子每天晃晃悠悠地下楼，能卡着时间到达学校，都是因为我在努力。怕迟到变成了我的压力。为了不让他迟到，我悄悄调快闹钟，催促他、要求他、指责他。不知不觉，我承担着他不迟到的责任，不能迟到变成了我的任务。

每天，为了让他不要迟到，我成了一个监工，我们俩站在了关系的对立面。所以，往往好心干了坏事。幸好觉察到我抢夺了儿子的责任时，我就准备好了和儿子一起承担、一起面对。任何与迟到有关的责任，我都愿意承担。我不再为了逃避老师批评而催促孩子。我只是安静地守住自己的心，不再扰动他的心，归还本就属于他的责任。我只需做到平静地叫醒，安静地提醒，静心地等待。即使他迟了，我也不抱怨，我只是努力做好自己，保证安全驾驶。我相信我儿子是一个愿意承担责任的人，只是我一直没有给他机会。过去我扛着他迟到的责任，让他产生了依赖，迟到了是我的责任，是我的驾驶技术不行。

所以，我默默反省，把孩子的责任还给了孩子。

今天早晨，他下楼又十分迟缓，我差点又没忍住唠叨。我深呼吸调整状态，停止抱怨，听他安排行车路线，坦然地迎接任何结果。

他选择过小桥，当我们的车开到小桥时，前面停着一辆车在等待，陆陆续续有车挤过来，堵车了。他立刻说："我下车跑去学校，依你的技术，就算开上桥，估计所有的车都下不来了。"于是他迅速下车狂奔。

安静地等待，当我的车开到学校门口时，我远远地看见儿子奔跑的背影，测算了一下时间，他应该不会迟到。

终于，我把准时到校的责任还给了他。

回家，我立刻写了一张小纸条——

儿，谢谢你的宽容，知道妈妈的车技不好，你也并不生气，而是选择自己努力！感恩！感动！

下午去上学，儿子早早地下楼，出乎我的预料。

我知道，孩子还会卡点上学，但我会努力守住本心。我把孩子的责任还给他，愿意和他一起承担任何后果，并且不再用担心绑架他的行为，干涉他的感受。

我静静地欣赏、祝福孩子行走、奔跑的状态。我愿意承担一切的发生，我有能力承担一切的发生，我选择用积极的想法去相信孩子，我感谢和孩子经历的每一个过程。

家有考生，能够陪伴孩子一起熬，并在熬中修复成长，这是我的幸福与幸运！

高考倒计时

参加高三家长会时，我看见教室挂了倒计时提示牌，紧张氛围开始蔓延，我们也开始数着数过日子。

从高二进入高三，儿子对高考不太自信，也比较敏感。

有一次吃饭的时候，我无意识地问了一句："距离高考还有多少天?"当时儿子斜着眼睛看了我一下，不情不愿地说了一句："你问这干什么?"那一刻，我觉察到自己其实是想提醒孩子要努力。由于没有考虑孩子的感受，给他制造了压力。

我知道，他和我一样有紧迫感，但是我不是当事人，有时候是无法体会当事人的感觉的。

直到有一天，我的停车位开始了缴费倒计时，我才有了觉察。

每一天，只要进小区，门口的电子屏上就会显示我的车牌号距离缴费还剩几天。往返小区，一天几次，不断地被提示，我心里有点堵。我开始观察自己的反应，嗓子就像被一根刺卡住了，下不去出不来。此刻，只希望赶紧结束这种折磨。

只要缴费，就可以不再感受这种折磨了。但是，我为了体验孩子的感受，刻意拖延了几天。我用心体会，觉察内心世界。面对停车位缴费提示，如果我有钱，我就不会有紧迫感和被催促带来的焦虑。如果我没有钱，我就会忐忑不安，一定会挖空心思去筹备钱，我是无助的、有压力的。一个停车位缴费的提示，就带给我一种压迫感。我每天都在想着这件事，想把它立刻办理了，停止被点名的尴尬。因此，我觉察到，孩子心里有数，我的提醒反而增加他的负担，给他一种变相的压迫感。

原来倒计时是这种感受，我能体会到孩子的不容易。我开始有意识地调整自己，不再关注儿子的学习，不再关注倒计时，不再提醒他距离高考还有多少天。

我不再追求高考结果，开始注重过程。潜心打造开心、快乐、有幸福感的家庭氛围，营造爱与轻松的家庭环境，让孩子一进家门就能感到轻松、温暖，就能享受美食。

我们开始讨论大学的球队，偶尔一起看个足球赛剪辑视频，一起感动，一起流泪。

原来，在我心目中的“不务正业”的足球队员，他们在球场上那种汗水伴着泪水的拼搏精神，那种不轻言放弃的精神，正是儿子现在需要的。所以，我不再反对他偶尔看看足球赛，并且和他一起看，感受正能量，给自己鼓劲。

我问他，将来到大学，想参加哪个社团？

有时，我会调侃：“老妈要把饭烧得更加好吃，将来你带女朋友回家，不会掉面子。”

我在努力做好每一顿饭，让他吃得开心。

我陪他到图书馆上晚自习，一起努力学习。

我们一起逗猫，一起宠猫咪小宝。

我们也有争吵。吵后，我们学着修复关系，我们学会了彼此包容和理解。

他会批评我，不让我经常吃腌菜，说影响健康。

我们都在高压的状态下，学习如何快乐地在一起生活。

偶尔，我会被他阴晴不定的情绪惹一肚子火，没有地方发泄，只能闷在心里。事后他解释："起床有起床气！"言下之意是向我道歉。

我们有快乐，也有争吵。只是我们不再无限放大彼此的情绪，而是及时刹车。我经常说："儿子，感谢你给我机会，让我成为你的妈妈，我因为你而感到幸福。"儿子也经常开玩笑说："你不好好做饭，将来你想请我吃饭，我都不给你机会。"

作为一个高三孩子的妈妈，一个人扛着，真的很辛苦。

我的生活围着儿子转，每天像一个上满劲的发条——转个不停，无法放松。

记得有一次，我设置的闹铃没有响，我们差点睡过了头。自此，我定了好几个闹铃，因此经常在梦中惊醒。

我是高考大军的后备力量，孩子在前线，我必须做好后勤保障。保障孩子睡好、吃好、情绪稳定、不生病、保持状态；还要及时看见孩子的行为，了解他的需要。努力演绎正确的爱，并用正确的方式表达。让孩子因为我的爱而感到温暖、有依靠、有动力。不仅仅要关注孩子的衣食住行，更要关注孩子的心理变化。

其实，随着高考倒计时，父母的压力并不比孩子的小。当我们关注孩子的时候，更要关注自己。面对高考的压力，父母也是筋疲力尽，有累自己扛，有苦自己尝。不敢放下，只是因为我们是父母；不敢停靠，只是因为我们是孩子的依靠。

虽然有的夫妻就在身旁，但是彼此都在脆弱中，谁也无法坚强。我们一边扛着孩子，一边又在寻找依靠。找不到依靠，心里委屈，但是面对孩子，还是装作坚强。

生活节奏很快，大家都有压力，都渴望有人来疼，真正能渴望到的，又有几个？多数人只会更加无助。

能够救赎自己的还是自己。自己不心疼自己，没有谁能够看见你的忧伤；自己不心疼自己，没有谁能够替代你坚强；自己不心疼自己，没有谁能够用你需要的方式疼你。除了你，还是你。当我们把爱给孩子时，不要抛弃自己的需要与感受。因为，抛弃自己的代价，还是让孩子来补偿。我们一定会变本加厉地要求孩子好好学习，报答我们的付出。

爱自己，才是爱孩子最初的动力。

我不再把倒计时定义为高考倒计时，而变成我陪伴孩子成长的倒计时。

当我开始计算自己还能够陪伴孩子多少天，我的心态与状态便截然不同了，我内心充满了珍惜。我的内心变得柔软、慈悲。我会看见孩子、心疼孩子，我会在乎孩子的感受，我会努力地搞好后勤，帮助孩子。

孩子上大学，就等于离开我展翅飞翔了。以后，我不可能再有这样的机会和孩子如此近距离地相处。我时刻提醒自己——觉察！把我和孩子之间互动的点点滴滴记录下来，成为我们之间的故事。

熬，也不要忘记体验熬是什么滋味！

我经常也会唉声叹气，也会感到累。我经常自我安慰，照顾自己的情绪。时时不忘调整自己的状态，提醒自己，陪伴孩子是我最宝贵的财富，无论孩子高考结果如何，我们已经拥有了快乐的过程，感恩过程，我除了珍惜，还是珍惜。

倒计时，不再成为儿子的警戒线。他自己在网上买了一个倒计时台历，让我每天替他翻页。我偶尔忘记，他还会提醒我。

有时候他也会算，加上暑假还能够吃我做的饭多少天，然后咧着嘴笑着说："好好做饭，努力提升。"

我在高考倒计时中感受了来之不易的幸福。

感恩我的孩子，感谢倒计时！

图书馆的叹气声

图书馆的自习室里，一位坐在我对面的初三陪读妈妈一边织着毛衣，一边时不时地看向她的孩子。她的孩子偶尔会过来，拿她的手机查题。她面对孩子要手机的行为，感到不安，并在防御。孩子只要一靠近，她浑身上下就绷了起来，非常不耐烦。她要求必须当她的面把题目查完，并不停地催促孩子，放下手机。

一晚上，她的手不停地在织着毛衣，眼神却不断地飘去看孩子。过程中，她常常叹气。

她在叹气的时候，我忽然觉察到自己有点心酸，这也是我的样子吗？她就像一面镜子，让我看到自己的样子。因为不知道何时起，我有了叹气的习惯。

为人父母，我们都想好好地陪伴孩子，可是面对大环境的压力，以及多变的孩子，我们自己也很迷茫、无助、疲惫。生活的琐碎、高考的压力，让我们精疲力尽。我们拿什么去陪伴、支持孩子？心累了，身体累了，依然不敢放下自己对孩子的责任。

作为高三学生的妈妈，晚睡早起是常事，兵马未动，粮草先行，做好后勤保障很关键。白天被琐碎事情牵绊，身体经常疲惫不堪。累了，困了，却丝毫不敢放松，信念是：孩子马上就要高考了，已到关键时刻，不能放松，你不能退缩！你不能脆弱，你应该坚持，你应该坚强。我无法忽视，也无法抗拒大环境带来的影响。面对压力很大的孩子，我感受到自己的责任重大，所以只能选择坚持。孩子在努力，妈妈就更不能找任何借口退缩，因为妈妈是孩子的依靠、后盾，是支持者，是孩子情绪的收容站。

我们忽略自己的感受，把注意力放在了孩子身上，每天挖空心思准备三顿饭，诚惶诚恐叫起床，胆战心惊看脸色，偷偷摸摸观行为，忍气吞声地接纳孩子的情绪，随时随地担心踩到孩子情绪的地雷。因为，我们面对的是一个高考的高压下，想考好，但又不确定自己能够考好的孩子。

十年磨一剑，孩子十二年的努力，聚焦在高考这几天。看着时间从指缝里一天天地流逝，每天都在被倒计时提醒着，孩子能不焦虑吗？承担着繁重的学业任务、有限的睡眠、疲惫的身体，还有老师、父母、家族的期望，以及社会的责任，孩子真的不容易！

高考，就是一场无硝烟的战争，考的不仅仅是孩子，也是父母。

再次面对对面的妈妈，我开始透过她看我自己，我想要捕捉自己为何而叹气。我观察她的表情，体会她的感受，咀嚼她的无奈与无力，我的眼眶湿润了。因为，她不是她一个人，她是天下所有正在努力陪伴孩子的妈妈的代表。

图书馆里，不仅仅有妈妈在叹气。坐在我对面的男孩，也经常叹气。看他穿的校服，款式和儿子的一样，应该也是在备战高考。他一边看着书，一边不自觉地叹着气，听着他不停地叹气，我很心疼这个孩子，孩子真的不容易。不管这个孩子是处在哪一个阶段，成绩好与不好，面临即将到来的高考，我相信，他渴望自己在高考的战场上，取得一个好的结果。

自我在期待，内心很想变好，可又有焦虑、不自信、担心，还有来自家长、老师的要求，以及身边所有人的眼光，压力很大。

叹气比较厉害的，还有一位男士。他应该是在准备成人类专业资质考试。第一天进来时，他就在唉声叹气，给人不想学又不得不学的感觉。

我自己也叹气，一受到寒冷的刺激，就会胸闷、胃胀气，难受，吐一口气才畅快。我一直认为，是胃病造成的，现在看来，好像并不止这样。

周围这一声声的叹气，应该不是都有胃部毛病的原因。既然他们不是，那么我肯定也不是。他们正在成为我的镜子，让我看见我自己，让我知道，我还有某种需要被我忽略了。

我还有需要，没有被看见，没有被满足，而因此滋生的情绪又被自己压制了下去，一次次想要吐气，是一次次想要表达。走进吐气的自己，看看自己的需要是什么？情绪又是什么？但是始终抓不住。

当我开始观察自己，胸闷需要吐气的时候，我发现，儿子在考试前后，会不自觉地叹气。

我再次把画面调到图书馆叹气的几个人，他们有一个共同的特质，就是都在面对学习，面对考试带来的压力、焦虑。

高三学生和儿子的叹气，都是面对高考的压力；伴读妈妈的叹气，是她孩子即将面对中考；男子叹气，是面对自己的资质考试的压力。大家都太想考好，又担心考不好，每一个人都很焦虑。

回到自己，我虽然不需要考试，但是家有考生，我的生活是围着儿子的节奏转的。我经常把注意力放在孩子身上，忽略了自己，在不知不觉中，就想要长长地叹一口气。

面对孩子，我还是愧疚的。曾经因为自己无知，经常忽视孩子。现在，我开始觉醒，想要给孩子最好的陪伴，我非常努力、尽心。

一日三餐，挖空心思换着花样，想要通过饮食，既保障孩子的健康体质，又力所能及地给孩子带来快乐，缓解压力。在自己的能力范围内，做到全心全意，尽心尽力，自己满意，孩子满意。

在时间的陪伴上，我的生活完全按照孩子的节奏，由早睡早起改成晚睡早起。比孩子起得早，比孩子睡得晚。每天接送，风雨无阻。每天的流程就像一个紧箍咒，套在头上。担心忘记时间，错过时间，闹铃定了一个又一个。别人家还有人搭把手，我则好坏一个人扛。早上提醒，中午提醒，晚上提醒，睡觉提醒，提心吊胆地过日子。

此刻，当我透过别人的不容易，别人的叹气声，看见自己。透过别人的影子，我找到了自己。我终于看见了，那个被自己忽略的自己。

我心里很清楚自己目前的处境，无人可靠，必须坚强。没有人帮我，唯有靠自己。所以，在我的潜意识里，是不允许自己脆弱的，强迫自己坚强，不期待任何人的帮助。但是我又渴望有人帮我一下，期待自己能够像别人一样有依靠。

当前，我在努力做个好妈妈，也在努力做个好妻子。我在努力做的过程中，压制了自己本性的需要，忽略了自己的感受。

因为知道爱人工作很努力、很辛苦，因为知道儿子面对高考很努力、很辛苦，所以我自当不能懈怠、拖后腿，必须全力以赴支持他们。

为了管理好儿子的情绪、学习与生活，我时刻调整，想面面俱到。家庭的事情、老人的事情，我尽心尽力，不让爱人操心。

我爱他们，珍惜他们，支持他们，在我身体状态饱满的状态下，我是完全可以做到的。只是，日复一日，年复一年，一晃有好几个年头，我也有低落的时候。

高中三年，每天活在高压的状态下，我的身体也会有疲惫的时候。当我生病的时候，当我不舒服的时候，我是渴望被爱、被关心、被照顾的。但是，从目前的家庭情况来看，我知道这是不可能的。所以我在无形中就已经扼杀了自己内心的需要与渴望，无意识地选择忽略被关心、被爱、被照顾的渴望，把自己安放到坚强的位置上。

有一天周末，孩子不补课，我终于可以睡一个懒觉了。关闭所有的闹铃，安心地睡觉。那天晚上，我在梦中感叹：啊，睡觉好舒服！原来，我每天都不敢踏踏实实睡觉，担心自己睡过了头。

记得有一次儿子考试，闹铃居然没有响，我们差点睡过了头。当我被哥哥的电话铃声吵醒，眼睛一睁开，吓得弹跳起床。感叹这个电话来得太及时了，否则儿子考试肯定迟到。

自此，我每天都要检查闹铃，也经常在睡梦中被惊醒，产生睡过了头的错觉。我完全进入了家有考生的角色中，我已经忘记了，我身体的需要、精神的需要。我的状态不好，妈妈的角色也不可能扮演好。

学习，让我们渴望自己成为那个最好的孩子，成为别人眼中期待的好孩子。但是，我们为了别人的期待、为了那个完美的角色而学习时，会经常忘记了自己也是一个需要被疼爱的孩子。我们忽略了自己，然后期待别人来救赎，期待别人能够替我承担痛苦。而别人也和我们一样，正在期待我们能够承担他们的痛苦，我们都在求别人救赎自己，自己却不愿意看见自己。

现在，我在家有考生的压力中，一边救赎自己，一边让自己成为孩子的依靠。时间被分解成了豆腐块，一天下来，我都不知道自己干了什么。

但是，我不再执着于必须一次性做完家里琐碎的事情，我把事情分为最需要的和能够暂缓的，我尽量给自己松绑，偶尔让自己放松一下。通过给自己松绑，我发现，明明很想睡觉，睡意蒙胧，但是就是睡不着，原来是自己和自己在对着干。

脑袋大管家说：事情没有干完，不可以休息；你是妈妈，你应该成为孩子的后盾，把孩子的生活照顾好。于是，想要睡觉，又强忍着睡意。

眼睛说：好困，昨天晚上我熬夜了，因为儿子睡得很迟，我没有睡好，我难受。

于是，自己和自己每天在掐架，累了也放心不下，也让自己不能够安心休息。其实，不是别人把我怎么了，而是我自己不放过自己。

有时候，儿子也会在不知不觉中叹气，高考这条路，孩子都得经历，父母没有办法替代孩子经历。我能够做到的，就是好好经营这段经历，打造一个和谐的家庭氛围，给孩子减压。

心理学研究提出，和谐的亲密关系可以减轻压力。

为了让孩子能够减轻压力，减少焦虑，我尽可能地让家沐浴在美、乐、爱的氛围中。即使我们彼此有情绪，我们也在正确地表达情绪，构建家庭的快乐氛围。

感谢正在叹气的几位陌生的朋友，让我觉察自己、感知自己。我才能够照顾好自己、安抚自己。我的家因为我的平衡、平和，才能够一直都很健康、很幸福。

对自己的行为负责任

早晨，我在车上等待儿子下楼，随着时间一分一秒地流逝，我的心又不淡定了。

随着高考倒计时，孩子不分昼夜地在努力。儿子从高一的吊儿郎当，到现在的努力学习，每天的睡眠都不足，已是很不容易了。

从温暖的被窝里出来，面对冷冰冰的空气，本身就需要毅力。我只看见孩子不起床，然后在心里生闷气。其实，孩子正在和困意斗争，和冬天的寒冷斗争，和自己的惰性斗争。孩子已经在努力了。

儿子上车，我看了一下时间，如果途中顺利，我们勉强能够不迟到。

刚出小区，一辆车迎面过来，我必须退一步避让，便耽误了一分钟，之后路上又接连遇到红灯。

儿子开始发牢骚，说我开车慢。这让我的心迅速堵了一下，难受！

我们到达学校门口时，已经迟到一分钟。孩子早饭也没拿，下车就狂奔冲进学校。

回家的路上，我一直在反思，孩子为什么抱怨我开车慢？是因为我一直都在承担孩子迟到的责任，我很惭愧！

只要他时间赶，我就开快车，帮他节省时间，避免他迟到。慢慢地，迟到就变成了我的事情。就是因为我知道错误的结果，天天防范孩子犯错。

而孩子需要通过不停地探索、犯错和修正，来了解这个世界。所以我和孩子正好站在对立面。

就像下雨天，父母觉得淋雨会着凉生病，于是会告诉孩子淋雨可能会生病，从而要求孩子打伞。但孩子想体验雨中的趣味，想通过淋雨来获得体验感与满足感。孩子把伞拿在手中，去体验淋雨的滋味。父母看见了一边生气地说："跟你说了淋雨会生病，我已经给你伞了，你怎么就是不听话呢？"一边夺过孩子手中的雨伞，帮孩子撑起。因此，孩子淋雨的感受一直没有得到满足，孩子内心对淋雨一直有一份渴望。但是，被父母天天防着，孩子从失望到渐渐地适应，慢慢地变成了一种无力的无所谓。下雨带伞、打伞，就成了父母的任务。甚至孩子说，你不打伞，我就淋雨，以此报复父母的行为。

因为要防着孩子犯错误，我们遏制了孩子的部分行为。慢慢地就变成替代孩子的行为，孩子的事情就变成了我们的事情。觉察到自己的不足，我开始调整。

首先，安慰自己，告诉自己，迟到不是你的错，谢谢你早晨的努力，你辛苦了！感觉心里还是酸酸的，可见努力被看见真的很重要。

安慰了自己后，我开始布置家，让孩子进家门的感觉是整洁的、温暖的、温馨的、快乐的和幸福的，顺便给儿子留了两张小卡片。

一张上面写了：

儿，第一次做妈妈，有点笨，有点傻，我很努力做一个好妈妈。

另一张上面写了：

感恩我亲爱的儿子，有你我很幸福。

早晨已经过去了，我不希望孩子还在早晨的负面情绪中，我期望通过我的努力，每天给孩子一份积极、快乐、幸福的正能量！

中午，接孩子回家，我们一路都很开心。

吃饭的时候，儿子说今天他很幸运。早晨刚进校门，就遇到了他们文科班的年级主任，居然没有因为迟到扣留他，还朝他笑了笑，简直太幸运了。同时，儿子告诉我，明天早点叫他起床。

我感觉到，孩子每天遇到老师打招呼问候，是在老师的心目中积累好感。会尊重老师的孩子，一定不是一个坏孩子，所以，包容他迟到一两分钟的行为。老师的包容，给了孩子早起的动力。

下午上学，我又在楼下等待，时间又紧迫了，怎么又出现这样的问题？我在问自己，同时调整心态，淡定！淡定！我愿意和孩子一起承担任何责任，无论发生什么我都愿意承担！绝不抱怨。我把心态刚刚调好，孩子就跑了过来，他解释在找晚上带到图书馆上自习的书。

路上，我听儿子安排线路，他预设了堵车的后果。他说下来迟了，是他的错！如果到小桥堵车，他就下来跑。

大概是因为我们母子俩心情好、状态好，在下雨天也这么幸运，走小桥的车非常少，我们顺利通过。到学校门口还多余两分钟，儿子说他狂跑过去，应该可以到达班级。

越来越确认，家庭教育不是什么惊天动地的大事情。都是生活中的小事情，汇聚成了教育的内容，成就了孩子的未来。

孩子不断重复父母看不惯的行为，是希望父母改变自己的行为。当父母管住自己，不再把手伸进孩子的世界，孩子就会担起自己的责任！

让孩子成为自己，对自己行为负责！

越过眼前的孩子

中午放学，儿子跟我说带的早饭都分享给同学了，他没吃。

整个上午，他的身体感觉很不舒服，想要请假回家，一直在忍耐。上课时，为了专心听讲，他努力地把注意力集中，脑袋胀得很疼。第三节课，感觉更难受，要不是怕麻烦我，他就打电话了。

听着他喋喋不休，我不痛不痒地回应了他一句："是不是受凉了？周六晚上，你把架子上的一瓶饮料喝了吧？"他很生气地说："就是你买的薯片不好，你都没有看是不是过期了。昨天晚上，因为吃了你买的薯片我才难受，半夜起来喝水，觉也没有睡好，还冻着了。就是你的错，昨天晚上吃了你的薯片，才造成我的肚子不舒服，我的嘴里到现在还有薯片的味道。"

听着他的抗议，我觉察到我抗拒他身体不舒服这件事情，变相地指责他不爱自己，又给妈妈增加了麻烦，最主要的是耽误了学习。我的内心有指责，有嫌弃，有抱怨。我活在自己的感受当中，忽略了孩子当下的感受。

上午在学校，他很努力地在和身体的不舒服、课程的压力抗争。他的不舒服，他的努力，他的自我斗争过程，都需要妈妈理解、安慰、支持、关心和呵护。那一种与身体的不适抗争带来的挫败感，让他也很无力。这样的状态，并不是他想要的，他在努力克服。

而我，嫌弃他不够好，嫌弃他造成这样的局面。他的努力没有被认可，他的不舒服没有被理解，他的感受没有被接纳。倒过来，变成了都是他的错，他很委屈。

其实，面对孩子的喋喋不休，我只需要说一声："妈妈知道你很难受，你很不容易，回家妈妈给你看看。"

可是，听见孩子说不舒服，我的内心第一时间是排斥的！他的话，我只是听在耳朵里，没有放在心上。所以，我屏蔽了孩子表达的内容，没有给到他及时的正面的回馈。在上午不舒服的情况下，他还能够继续坚持，一边要面对身体的不适，一边要追赶课程的进度。这份难受，这份努力，让他想要找一份依靠。

但是，我活在自己的需要中，忽略他的行为与感受，没有接纳他的感受，所以他刚才有点情绪。有了这份觉察，我及时修正，立刻说："我的错，你已经很努力了，回家好好睡一觉，休息休息。"他的语调也降了下来，说头难受，可能是没有睡好觉。

路上为了调整他的状态，我说："不要担心，在你需要的时候，爸爸回来了。"他笑着问："为什么我每一次不舒服，爸爸都回来了，我并不知道爸爸回来。"我回应："父子连心，因为爸爸懂你，在你最虚弱的时候，爸爸回来给你依靠。"中午饭也没有吃，他就睡倒了。

我帮他按摩了一会儿肚子，里面"咕噜咕噜"地响，可能是受寒了。他叫冷，我又给他灌了一个热水袋，捂一会儿他就睡着了。

时间慢慢地过去，我的心在纠结。他早饭、午饭都没吃，需要补充营养。于是，我利用他睡觉的时间，给他熬了粥、包了包子，希望他能够起来吃一点。

叫他起床，还是让他多睡会儿？两个声音在我心里打架。到底是叫，还是不叫？

此刻，我的内心希望他能够起床吃饭去上学。因为高考在即，别人家的孩子都在努力，我家的“躺平”，让我感觉不踏实，内心有点不自信。

每每看见老师努力付出，感觉我的孩子不好好学，我会觉得不好意思，愧对老师。我明白，老师们不容易，他们也想要每一个孩子都好。

老师、孩子、父母的付出，最终评定的标准，还是孩子的考试成绩。我们无法置之度外，无法无视、辜负很多人的期待。

最终还是把他叫醒，问问他的感觉怎么样。他说难受，让我弄点药给他吃，他又说第一节是体育课，让我帮他请假。我同意了。他又迷迷糊糊地睡着了。

看他睡得也不踏实，眉头老是在皱，我想，他也放不下，他想去上学。

我于心不忍，有点心疼，孩子也不容易。摸摸他的头，感觉有点低烧，当我把手放在他的脑袋上时，我感受到了他的头皮在跳动。这一刻，我终于从徘徊纠结中醒来，决定不让孩子去上学了，当下身体最重要。我很心疼，也很自责，把手放在孩子的脑袋上，我很后悔！没有了身体作为保障，学习又是为了什么呢？

我决定让他好好睡一觉，调整一下身体。生病应该是心理压力加熬夜，造成免疫力下降，多重原因导致。我需要调整自己，及时给到孩子帮助，才能调整孩子。

我跟他说，安心睡吧，我帮你请了半天的假，老师已经知道你不舒服了，你不要担心了，好好睡觉，妈妈去买药。他在迷迷糊糊中答应着我。

感觉他听到老师知道他不舒服了，立刻放松了下来，他不再纠结，放下了去上学的念头，让身体好好休息。

短短的几个小时，我经历了一场自我搏斗，也看见了自己的不足。

在陪伴孩子的过程中，我往往是太在意结果，而把过程变得沉重，从而失去彼此在一起的快乐，甚至忽略孩子的身体健康，代价太大了。

对结果的患得患失，让我们多了一份渴望与焦虑。所以，在过程中，我们往往会抗拒孩子不好的一面，拒绝孩子不好的行为，担心孩子无法达到我们需要、我们想要的结果。

目光盯在结果，往往就忽略了眼前的孩子，父母也就变成了监工，时时刻刻不忘记督促孩子，增加彼此的担心与沉重。

就像前几天，我骑自行车进城，返途经过大学城的立交桥，上坡的坡度有点大。每一次骑自行车到桥底，就感觉自己身心俱疲，所以放弃骑上去，下车来推。有一次，我在跟朋友讲话，没有关注陡坡，居然糊里糊涂骑上去了。回想当时的情景，我发现当眼睛只是盯在脚下的路，感觉也在脚下，踩每一脚都很专注，不受坡度的影响，只是安心骑车。虽然感到累，但是骑上坡并没有特别费劲。

可见，一个人的心态，直接影响一个人的状态、行为。

于是，我决定再尝试一下，让自己有意识地去体验。

上坡前先是一个下坡。先体验下坡，那一种自由、轻松、惯性下的张扬自在，就像我们已经适应了的轻松愉快的生活。快要到上坡前，脑袋发出了指令——“下车”。一个声音在脑海里响起：“这个坡，你骑自行车根本上不去，很累。”于是，身体立刻感觉很累，想要停下来。脑海里的指令，身体要完成的动作，都已经在心里演练一遍了。越看坡，越觉得累，越觉得脚没有了力气，就是想从自行车上下来。于是，我开始不再关注前面的坡，而把眼睛盯在眼前的路面，我感觉眼前的地面是平的，没有坡度。虽然有点累，但是内心没有了刚刚那一种非要骑上去的紧迫感，也没有了自己骑不上坡带来的负重感。坚信只要不下来，就肯定能够上去。最后，轻轻松松地上去了。通过骑车上坡的体验与感受，我再次理解压力的来源，是太想得到结果，太担心失去结果。

所以，我们为了得到结果，千方百计地折磨自己。我们对结果的太想要、太担心，束缚了自己，同时也束缚了孩子。

几年前，我遇到一个上高中的孩子，走路喜欢低头，常常有郁郁寡欢的状况。现在，我终于能够理解孩子了，为什么会出现这样的问题。孩子内心太想要考一所好的大学，又担心自己考不上。恐惧，担心，自我纠结、折磨。用太想要的完美，嫌弃自己的现状，嫌弃自己的考试成绩，嫌弃自己做不好的部分，强迫自己成为完美；用太担心上不了好的大学，来恐吓自己。

此刻，作为妈妈，我是要看见孩子的人，还是像以前一样被焦虑、担心带走，成为孩子的阻力？我在反思、总结。

孩子想变好，孩子已经在努力，而我需要做的就是，成为孩子的助力，随时支持孩子。

放下担心，放下焦虑，放下怀疑；相信孩子，不问结果，只是耕耘！我努力用平和的心态为儿子的高考助力。

考得好，叫精彩；考得不好，叫经历。

不要越过眼前的孩子，因为在孩子生命的旅程中，高考只是一段路。我要努力成为他幸福道路上的助力，而不是阻力。

搞定自己，就是助力孩子

大雨如期而至，我冒雨赶到学校接儿子放学。

接到儿子，他跟我说下午学校有心理剧表演，不上课。又说，他们组的剧本被删了。他分析失败的原因，主要是道具没有用好，没有准备充分，显得太单调。

然后又告诉我，他们剧组今天中午聚餐，他不在家吃饭了。

听着他叽里呱啦一通话，我感觉心里有点不舒服，只是说："不在家吃饭，怎么没有提前通知我？我的饭已经烧好了。"

他说："我也是刚刚才知道，昨天他们发了通知，我没有看见，你等下给我一百五十块钱吃饭。"

我有点生气地说："怎么这么多，一顿饭要这么多的钱？"

他说："同学通知带这么多钱的，我也不知道，你待会送我回家换衣服，我的鞋子潮了。"

虽然心里不舒服，但是知道孩子大了，需要得到尊重。

妈妈在忍受中学习尊重孩子，即使有不舒服，也还是要学会克制自己，还是要忍耐的。我改变不了事实，就改变我对事实的态度。

陪他回家换衣服，然后再冒着大雨送他到同学聚餐的地方。

看着外面的雨，心里有点堵。雨天车子难开，让我的内心抗拒送他去，同时对他不在家吃饭也不接受。

身体在开着车，心里却是翻江倒海的情绪，忍不住想说："你们选择的天气真不好。"言下之意，他们运气不好，吃饭碰到了大雨天，还连累了我。话还没有出口，立刻觉察到了自己心里抱怨的成分，在话语要冒出的时候，我立刻切换成了："你们今天选择的日子真好。"儿子斜了我一眼说："为什么？"我看见了他的困惑，他是不相信我说的话。我说："凡是伟人都会经历大风大雨，不经历风雨怎么见彩虹？你们这一群人注定不平凡。"

他"呲"了一声，觉得有点好笑。

我又调侃说："在你的同学中，有妈妈亲自冒雨开车送去吃饭的吗？"他说："没有。"我说："这么大的雨，坐车不方便，要不你们请我吃饭，等下我把你们送到学校"。他很平和地说："还是算了吧，十几个同学，你去不太方便。"我想想也是。我又说："冒着大雨送你去吃饭，你不夸夸老妈，点个赞？"他说："赞、赞！"

把他送到地点，给他发了个吃饭的红包，红包注明"没有失败，只有更好"，同时又跟了一段话："吃完饭，早点回学校，不让老师操心，也是一种爱与责任。"他立刻回了一个字"好"。任务完成，回家。

到家以后，我才发现没有带钥匙，想到刚刚儿子回家换衣服，我把钥匙给他了。于是立刻打电话给他。他说："在我的身上，要不你过来拿，你到了在车上休息一会，等我们吃过饭，顺便把我送到学校。"

我把车停在饭店楼下的马路旁，打着双闪灯在雨中静静地等候。雨不停地下着，感觉肚子有点饿了。环顾四周，近处没有卖吃的，又不敢走远，担心孩子找不到我。只好忍了，在忍的过程中，我看见自己的内在又开始打架，我再次清晰地观察自己的情绪。

因为饿，内在的感觉是不舒服，所以就冒出很多情绪。顺着这些情绪，我走进深层次的自己。想去买吃的，又担心孩子下来找不到我，我有点憋屈，也有点委屈。于是，期望他早点下来，期望他给我带点吃的，期望他看见我为他的付出。

我看见了自己的需要、感受被自己压制，然后期望通过别人来得到。这一刻，我忽然明白了妈妈们的自我牺牲模式。那就是，我伤害我自己，我压制我自己，我把自己活出了悲剧的样子，然后我期望别人来爱我，来拯救我、帮助我、可怜我、同情我。我祈求他人来爱我，我把爱自己的权利交给了别人。

别人不爱我，我就很委屈。当别人没有满足我的要求时，我就会觉得别人不好。天啊！怎么会这样呢？原来不是别人不爱我，而是我自己不够爱自己。静静地观察自己内心的变化，感受着自己的情绪，跟那个内在的自己交流。我对她说："别委屈了，你完全可以选择照顾好自己，其实你不需要别人来爱你，你可以有更多的方式来爱自己，刚才你选择自我折磨，是你伤害了你自己，只要你愿意，你可以顾忌自己的感受，而不需要依赖别人。"

慢慢地，我感觉有点不好意思，有点愧对自己，但情绪已经没有了。此时，儿子打电话过来说他下来了。不一会，我看见几个穿校服的同学下来了，我在纳闷，儿子呢？不一会儿就看见他和另外两个同学提着奶茶过来了。

上车时，他把奶茶递给我说："热的，给你买的。"

这一刻，喝了几口奶茶，感觉舒服多了！内心竟然有点感动，我太容易满足了！

安静地开着车，送几个孩子去学校。路上，听着他们叽叽喳喳地聊着，很开心！

我听见有个孩子不断重复，不想去学校，想回家睡觉，到学校也会睡着，反正就是不想去学校。通过车内后视镜，我看见他戴着眼镜，感觉他很疲劳，我有点心疼这个孩子。同时也感受到了，他对下午不上课还要去学校的那份抗拒，我蛮同情他，我忽然在想，如果今天钥匙不落在儿子那里，他们吃完饭会不会因为这个同学的一份情绪，而选择都不去学校？我相信有这个可能。一切都是最好的安排，我无意中成了他们回学校的动力。

顺利地把几个孩子送到了学校，刚到家，就收到儿子给我发的一个红包，是中午吃饭剩下的钱。我真的很欣慰，庆幸自己选择了信任孩子，立刻给他回了一句："我为你的诚信而骄傲！"

在暴雨的中午，我的内心也经历了一场暴风雨，只是我没有被雨淹没，迎来了阳光，播撒在我和孩子的世界。我搞定了自己，就助力了孩子。

感恩雨中的遇见！

早餐，太重了

送孩子上学，在他下车的时候，我提醒他带上早餐。他提了一下装早餐的手提袋，一脸的纠结，皱着眉头说太重不带了。我脑海里有无数个答案，唯独没有这个，这个答案让我有点挫败感。如果他说没有胃口，我还可以理解，觉得这不是我的错，是他的原因。可是，提不动，就是他在嫌弃我做得不够好。

我回复："可以，我带回家吃。"

在回家的路上，我是有点恼火的，开始评判这件事情的对与错，心里不平衡。此刻，我受伤了，辛辛苦苦烧的饭被嫌弃了，我的付出没有被认可。我的价值没有实现，我很委屈，很难受。

脑海里，一个声音跳出来，她在气愤地表达自己的情绪："哼！从来没有听说过，还有嫌弃早餐重的！不知好歹的兔崽子。"接着，内心又一个声音，说："太矫情了，是不是我平时太溺爱他了？"我表面看似平静，内心已经不知道翻腾成什么样子了。

我困惑儿子的反应。是懒，还是什么问题？早饭为什么重得让儿子不想提？提个早饭都嫌重，他在球场上那么辛苦、伤痕累累怎么解释？我搞不懂了。一边开车，一边在胡思乱想。

忽然，脑海里蹦出一个答案，孩子几次跟我说，他感觉这几天好累。我只是敷衍了一下，根本没有放在心上。孩子在向我发出求助的声音，被我忽略了？找到了方向，瞬间茅塞顿开，我知道早餐的重是什么意思了。如果是我，我可能也会和他一样拒绝早饭。

最近家长会，老师希望家长督促孩子早晨不要迟到。进入倒计时的关键时刻了，儿子也让我帮助他，每天翻书桌上倒计时的台历。

看着日子一天天从我手中翻过，内心还是有点压力的。孩子现在每天睡眠不足，我希望他多睡一会，但是又担心迟到，他被老师批评，影响情绪，我开始患得患失。我认为自己做得很好，很爱孩子。我并不知道，自己在不知不觉中，给出的爱已经变味了。

我的爱充斥着我的担心、我的紧张、我的要求、我的期待、我的委屈、我的疲惫、我的压力。我给予孩子的爱里，包裹着我的沉重，爱变成了负担与包袱。

早晨，身体还没有苏醒，还想睡觉的时候，就被妈妈打扰，烦躁！起床这件事情还没有适应，又被要求吃饭，身体跟不上节奏，也没有胃口。接二连三被妈妈用爱要求、强迫、嫌弃，心里更加地烦。

我作为妈妈却没有觉察，没有设身处地替他想一想。我看不惯他的样子，觉得他不负责任，不够好，不够努力，不够积极。

于是，在叫他起床的时候，担心他动作慢，提醒他加快速度，说："红绿灯耽误时间，我们需要早点走。"最近，学校路段新增加了几个红绿灯，影响速度，我担心迟到，所以提醒他快一点，我的语速在不知不觉中透露急躁、催促。

我没理解儿子，他晚上学习到将近十二点半才睡，早晨又得早起，身体还没有苏醒，就被施加压力，感觉一定是很不舒服的。他现在不会掩藏自己的情绪，有情绪了就要发牢骚。所以，早晨我一催他，他也狠狠地说：“人家的妈妈都可以开车过小桥，谁让你的技术那么差，那么烂！”又一次被他戳了软肋，我不舒服，想立刻跟他吵，我觉得他是无理取闹。

我说：“人家的妈妈技术好，那是人家的妈，不是你的妈。人家孩子还考试第一呢，你怎么不跟人家孩子比，我从来不嫌弃你，你干什么老是嫌弃我！”瞬间，儿子没有了声音，我感觉很开心，终于讲得你哑口无言了。

一路上，儿子一直眯着眼睛，没有说话，直到快要下车的时候，他无意识地深深地叹了一口气。那一刻，我看着他叹气的模样，有点心疼。只是，我的心疼一闪而过，还是没有觉察，更没有捕捉到什么。

儿子下车以后，留下纠结、纳闷的我。心想，我一大早起来给你弄早饭，没有功劳，还有苦劳，你还挑三拣四，没良心。于是，我认为他是一个不懂感恩的孩子。

我不断在心里吐槽他：“说早饭太重了，堂堂男子汉，嫌弃早饭重，简直荒谬。我做好了饭，你就应该感恩戴德地吃。不吃，就是对不起我，就是没良心。”

我怎么也没有想到，那一刻他的重，不是早饭的重，而是心里的沉重感，是因为妈妈每一天沉重的付出，他没有办法回报带来的沉重。

我不知道自己的一时的傲慢、任性，伤害了正在困境中的孩子。

想想惭愧，如果可以选择，我会和儿子一样选择睡觉，不吃早饭，因为我也困，不想起床。在不知不觉的状态下，我催他，他就要攻击我。他想要通过语言表达自己的难受，让自己舒服一下。结果，又被我用别人家的孩子成绩好给怼回去了。

其实，他知道妈妈在努力，知道妈妈在为他好。所以，他在语言攻击的时候，内心也有愧疚感，只是那一刻，他被情绪绑架了，控制不了自己。妈妈的好，在他的心里，妈妈带给他的压力，也在他的心里。当妈妈对他的好与妈妈带来的压力碰撞的时候，天平开始倾斜。他的内心就分裂了，就呈现在早饭重的感觉上。面对早餐，就是面对妈妈对他的关心。但是，早餐又是妈妈期待他变好的负担，让他感觉好沉重，好有压力。所以，他想要逃离这份关心带来的压力。最终，他叹了一口气，妈妈的爱是压力，压力已经大于妈妈的好，所以不想面对，就拒绝！

我一直说要尊重孩子，其实，我还是把孩子攥在手心的，我根本就不相信孩子。我不相信孩子脱离我的照顾，可以获得健康和安全。

想及时弥补早晨带给他的感觉，于是我用纸条留言，表达自己的惭愧，表达对他的理解。

中午回家，他的情绪很好，跟猫咪已经逗了起来。

吃饭的时候，我装作漫不经心地问了一下："你们班级现在氛围怎么样?"他说："现在气氛有点紧张了。"

此刻，我真的心疼孩子们的不容易，还有一百多天，他们的内心也非常焦虑。就像我曾经参加心理咨询师考试一样，快要考试的时候，反而看不进书。老师不停地提醒考点，但我感受到的只有压力。我的内心很想考过，我特别想要那个结果，想要那个证书。因为太想要，所以担心自己考不好。

孩子和我一样，他们也希望自己十几年的努力有一个好的结果，同时又担心自己考不好。

人，天生有一种惰性，总想着吃最少的苦，走最短的弯路，获得最大的收益。但是，家有考生，都要经过"熬"的过程，每个人都要尝遍各种各样的味道，咸味儿的眼泪，甜味儿的幸福，酸味儿的记忆，苦味儿的失败。其实，只有“熬”过以后，我们才会发现，这些过程恰恰是人生里最为珍贵的经历。

早饭交响曲

孩子下车又忘记拿早饭了，我连续喊了他几声，他都没有回头。我苦笑了一下，自己早起辛辛苦苦做的早饭，他又不赏脸，继续奏响早饭交响曲。

觉察一下自己，感觉内心有一部分担心，还有一部分失落。担心他因为饿而影响听课，失落自己的价值没有得到体现。

“一切发生都是我的功课，将要教会我什么？让我了解什么呢？”现在只要遇到不舒服，我就开始思考这句话。孩子不吃早饭，是在告诉我什么呢？好像，刚刚让他吃早饭是我的需要，我想要通过早饭把我的需要传递给孩子，让自己有点价值。

我觉得自己一切努力都是为了孩子好，我很高尚。我在通过孩子，通过早饭，来彰显自己的人生价值。当孩子不买账的时候，我就会失落、委屈，觉得孩子不够好。对于孩子而言，虽然不是他需要的，但他对拒绝了父母的给予，内心也是会有愧疚感的。觉得自己不是一个好孩子，辜负了父母。

其实，孩子的存在，是父母人生的动力之一。

早饭的问题，刚刚理出一点头绪来，一辆占道的车又给我送来课题。路口停放的车，影响了我进入小区。我感觉自己有点生气，心里想这个人素质怎么这么低？你把车停在小区的入口，擦碰到怎么办？我进入小区后，心想：他是我的谁？不认识。那我干嘛生气呢？亏啊！一个陌生人，也能够让我伤自己，我亏本。那我干嘛还在生气呢？

原来，在我的认知当中，有两个词——“应该”和“不应该”。

在我的认知中，你应该按照我的要求来。如果你不按照我的要求来，我就生气，我就觉得你不应该那样做，你不够好，你是错的，妨碍了我的利益。所以，我们经常为了“应该”，为了自己的标准，对与自己无关的事情生气。

我在反思，我是要“对”，还是要“幸福”？在这个世界上，有绝对的“对”吗？在那个当下，别人做出那样的行为，他一定觉得是对的、合适的。每一个人站的角度不同、感受不同、需要不同，所以，行为一定不相同。每一个人都觉得对的才会去做，每一个人都是做了自己认为对的事情。

中午，接儿子回家，儿子说今天到学校找不到早饭，下次让我记得提醒他拿。

原来，早晨的那一份失落是我想多了，儿子也是在担心自己迟到的情况下，乱了心。

一切的发生都是最好的安排，只是为了教会我们什么！当我学不会的时候，发生会继续，直到我学会为止。感谢今天的发生，我正在学习中！

妈妈回来了

在图书馆的自习室，我和儿子一起在上晚自习。半途中来了位妈妈，她双手背着，盯着她的孩子看了好一会儿。然后，在孩子们面前走来走去，一会给孩子拍张照片，一会又戳了一下孩子的手，提醒孩子哪里错了，一会又交头接耳和孩子的同学说些什么。安静的自习室，她的到来有点格格不入。好半天，她似乎才觉察到需要融入学习氛围。于是，她从书架上拿了一本书，找位置坐了下来。刚刚坐下，她又掏出水果，拿给她的孩子，但被拒绝了。

终于那位妈妈在安静的氛围中坐定，不再关注孩子。她安安静静地看书，做回了自己。原来，父母把眼光放回自己的身上，真的不容易。

其实，她刚刚背着手，盯着孩子看的瞬间，我能感觉到，虽然她没有说话，但是已经在心里说了很多。她背着手，在我的边上晃来晃去，带着挑剔的眼光，盯着她孩子的刹那，让我感觉到压抑，仿佛我自己也做错了什么，内心是局促不安的。

她的孩子很安静，从我进来开始，他就在安安静静地写作业。即使妈妈不断地干扰他，他也不为所动。

我不知道孩子的不为所动，是一种宁静，还是一种无可奈何的抵抗。看着这位妈妈，我就如同看见了曾经的自己。

原来，我们都认为关心是一种爱，却不知道，那是给孩子的一种沉重的负担。和孩子一起自习了几个晚上，我真的感受到了，自习是一件不容易的事情。自习，自习，自主学习！完全靠自我控制力。自习，就是想好的自己和自己的惰性斗争的过程。

原先孩子告诉我，他要到图书馆自习，觉得在家里太舒服了，学不下去。我有点不情愿，觉得是他的借口，认为他是想要在外面玩。在家，在我的眼皮底下，我可以监督他；在外面，他学不学，我真的不知道。最终，我还是选择相信孩子，同意他的要求，这才会有今天他让我陪着一起上自习的机会。

前几天，我跟儿子说，是不是我年纪大了，写东西、看书时会打瞌睡？儿子说："我在家也是这样，你和我到图书馆去自习，图书馆还有空调，比家暖和。在图书馆，大家都在学习，你就不好意思打瞌睡了，也不好意思不学习了。"

我立刻响应，心里特别开心，觉得自己可以进入他的圈子，了解一下他们在干什么了。

图书馆的24小时自习室，每天晚上都座无虚席。有学生，有成人，也有儿童，大家都很安静地在学习。

我发现，当我深入孩子的世界，真正把自己当作学生去自习的时候，我才能够理解孩子的那份努力与不容易。

在自习的几个小时中，我无数次地想要睡觉。空调吹来暖暖的风，让我犯困，长时间坐着，腰也痛，腿也酸，真的很想躺下。可是，自习室的氛围，又让我不得不保持坐姿，专注地维持学习状态。

我还想出去买点饮料、吃点水果，清醒一下脑袋，放风一会儿；我和其他人一样，想尽办法在和瞌睡斗争。其实，如果不是身在其中，仅仅作为旁观者，我一定会说孩子没有专注力，写个作业还走来走去，不认真；指责说晚上喝饮料不健康等。冠冕堂皇地打着爱的旗号说教，站着说话不腰疼，这是我常干的事情。现在，我知道，想变好也是一件不容易的事情。

无论结果怎么样，孩子始终在过程中保持一颗想要变好的心，积极向上的心，就是一种进步。

和儿子一起自习，我的学习效率越来越高；我们的关系，随着彼此的成长，也越来越好。

中午吃饭，儿子笑着说："妈，你吓到我的同学了。""啥?"我问。

他说："同学都在问，你怎么把你妈带来上自习了？搞得他们都有点紧张，有压力。"我说："我又不认识他们，图书馆自习室有那么多人，我混在其中，什么也没有干啊！你们同学啥意思?"他说："惯性思维，怕家长盯着，讲他们做得不够好。"我说："躺着也中枪，要不我带点吃的'贿赂贿赂'你的同学们?"儿子说："不需要，我已经告诉他们，我妈不是那样的人，让他们随性。"听他的语调，我蛮开心、自豪的，也很感动儿子对我的认可！

其实，当我开始真正走进孩子的世界，我的内心是惭愧的。曾经我认为，已经给了孩子全部的世界，孩子就应该怎么样。今天我才知道我错了，孩子一直在我的眼前，我却活在自己的世界里，抗拒孩子进入我的世界。我用自己的喜怒哀乐，想要替代孩子的喜怒哀乐；我用自己的认知，想要绑架孩子的认知；我用自己的冷暖，想要替代孩子的冷暖。我冷，我就担心他冷；我饿，我就担心他吃不饱；我不舒服，我就担心他不健康；我工作辛苦，我就担心他将来找不到好工作。我恐惧，我就要把他死死地抓在我的手里，掌控在我的心里……只要我想，我就开始在孩子身上寻找。

我希望孩子好，但是我每天都在担心孩子不好，我用我担心的不好，指责他的不好。

我认为我是在陪伴孩子，可是孩子却不在我的心中，我活在自己的感受中。孩子只在我的眼中，我像一个探测器一样，瞄准孩子的行为，抓孩子的问题！

妈妈脑袋中的孩子，妈妈眼中的孩子，那都是我认为的孩子，而不是孩子真实的样子，我也不允许孩子成为他自己的样子。

我曾经是一个看不见孩子本人的妈妈，我曾经是一个只看见孩子行为的妈妈。指责、抱怨不会让孩子的行为改变，只会让我们的关系破裂。

感谢我的孩子，不停地用问题、叛逆向我讨要一个妈妈，让我回归妈妈的爱。他在向我讨要一个把他装在心中、温柔待他的温暖的妈妈，讨要一个能够允许他自由呈现生命过程的妈妈。

感谢我的觉醒，在孩子青春叛逆的时候，我回来了，及时还给孩子一个妈妈。

别人眼中的妈妈

晚餐后，我在厨房倒腾，儿子从他房间走出来，问我在干嘛。我说在做土豆饼，明天早晨当早餐。儿子立刻说：“那你多准备一点。每次你带得太少了，我都吃不到，都被同学抢了。你做的土豆饼，还是挺招我们同学喜欢的。”他咧着嘴笑着说。我答复：“好！”心里觉得更好，求之不得。

食物能够促进同学关系，使他们开心，他们开心，我也很开心；食物能够赢得同学对我的好感，增加我的魅力，提升我在孩子心目中的地位，何乐而不为？

看起来是我在付出。但是，我正在通过分享食物，拉近我和我孩子之间的距离。

曾经，这个自以为是的叛逆少年，会嫌弃我去给他开家长会。如今，我成了他的骄傲。虽然，这种骄傲他嘴上并不认同。但是，已在他平时的一言一行中透露。我感受到一种独特的幸福。

有同学怕我在图书馆自习室当监工，儿子说：“没有关系，我妈不是你想象的那样，你们该怎么样就怎么样。”班里的女生都夸我做的饭好吃，要在我家搭伙。他开玩笑地说，让同学认我做干妈，每个月交伙食费。他抿着嘴巴乐，我也很有成就感。

随着高考的倒计时，我们在面对压力的过程中，随时调整自己的状态，让彼此尽量多一份开心。保持和谐的亲子关系，打造家庭爱的氛围。让家有爱，让家有温度，缓解孩子的学习压力。

家有考生，真的很难，我和所有的父母一样，期待孩子有一个完美的结果。很多的时候，我们为了保障完美，会盯着孩子一言一行，不停地挑孩子毛病，找孩子的缺点，让孩子承受更多负担。

父母过多地寻求结果，忽略了过程中孩子的情感需要，孩子得不到帮助和支持。我也是第一次面对高考，不知道如何陪伴孩子，也会犯错。但是，我时刻在观察自己，观察孩子，我及时反省并在错误中修正自己。结果是我们无法决定的，但是我们可以决定过程。

我期待结果的完美，但是，我不再担心结果的不完美，努力付出不后悔，尽心尽力不留遗憾。

守住自己的心，安心地和孩子一起度过高考前这段日子，即使在压力中，也要守护家的温暖与温度，守护彼此陪伴的点点滴滴，珍惜、感恩。

什么是爱？其实，没有人的演绎，爱是无法呈现出来的。我感谢自己，找到了爱的表达方式。

我希望我的孩子是个有爱的人，我就把爱演绎给孩子看。

我希望我的孩子是一个幸福的人，我就把幸福演绎给孩子看。

我希望孩子觉得家幸福，我就把家演绎成幸福的样子，让孩子感受到。

我希望孩子将来有目标，我和爱人就努力制定自己的目标。

我希望孩子懂得感恩，我就表达感恩。

我希望什么，我就开始表达什么，让孩子看见，感受到，温暖到。

所有的一切，都是我可以表达的资源与工具。

感谢今天的一切，感谢自己，不放弃努力，一直在成长。

回望曾经，感慨万分！有谁知道，这个我曾经付出了无尽的爱与精力，却和我势不两立的娃，如今已经变得如此地为他妈妈骄傲。

尽管我们之间也还会有争吵，但是我们不再是冷漠的母子，我们是温情与温暖的母子，在争吵中有克制的母子，是彼此能够感受到对方、在乎对方的母子。

餐桌课程

备考期间，儿子的胃口不稳定。有时候吃得多一点，有时候吃得少一点。我们两个的饮食习惯不同，因此，烧菜时分量很难把控。有时候烧得多了，他觉得自己吃不了，觉得我可以吃的，他就会立刻推给我，希望我帮助他吃。我知道，他也不想背负浪费的压力。

很惭愧，以前的我对他不能光盘这件事，总喜欢指责他浪费，让他感觉到自己不是一个好孩子。

现在的我已经能够觉察到自己的行为，也能够完全接纳他，尊重他的感受。不管他怎么样，我可以调整我自己，我不会再评判他的行为对或者不对，好或者不好，我反思。

曾经的我，虽然是打着爱的旗号在给孩子做饭，但是我在做饭的过程中，心里并不是满心欢喜的幸福感，而感觉做饭是一种负担。所以，我会把大鱼大肉硬塞给孩子，好吃好喝地供着孩子，更多的时候不是爱孩子，而是被欲望与担心绑架了。孩子只是承载了我们的担心与恐惧。然后，孩子吃出了很多的毛病，我们又觉得孩子不够好。烧饭时，带着担心孩子身体不好、担心营养不够的感觉。我们都希望孩子好的背后，是我们都不相信孩子是好的。

其实，孩子原本善良、纯净、健康、阳光，孩子是爱的化身、幸福的代表，孩子天性圆满具足，是父母用希望他好绑架了孩子，让孩子成为不美好。

当我看见自己曾经的不足，我无比的惭愧。这就是我的爱，自私愚昧无知的爱。现在，我正在努力改变自己，让吃饭和烧饭不再成为一种包袱，而是一种快乐与幸福。

无论孩子现在怎么样，我都会用欣赏的眼神，坦然地接纳他。面带微笑告诉他是我的错，我把饭菜烧得多了，我需要继续提升能力。你吃饱了、吃好了，就好！然后，我发现儿子也变得轻松和释然了。他不再因为吃不了而产生罪恶感、羞愧感。其实，这种罪恶感、羞愧感还是我赋予的。我用自己的付出绑架孩子，让孩子觉得自己不够好。他吃不了，让我帮他吃的样子，就是不愿意承担这种罪恶感。就如同我一样，不愿意承担这种浪费的罪恶感，绑架孩子吃。我很惭愧，以前一直都在用这种方式对待他。

其实，让他吃饭是我的需要，是我对他的担心、我努力付出后的价值需要通过孩子吃饭来体现。我需要通过孩子来证明自己是否有价值。孩子不吃，我的价值就没有实现。

回头看自己，每一次我烧饭都是一种负担，很少带着真正的爱与幸福感为孩子做饭，都是为了做而做，自己被“做”绑架了，我用我的需要绑架孩子，让孩子觉得，不吃饭就是愧对父母，吃不完就是浪费。所以，孩子在吃不完饭的时候，会不由自主地看我一眼。这说明，孩子自己也不想浪费，他也想做个好孩子，也想吃完。

只是我在做饭的时候，用我对孩子的爱、多给孩子吃的念头控制了自己，不知不觉中，饭菜就会多烧。但是，孩子的胃口只有那么大，当孩子吃不完的时候，我们又不想自己承担饭菜烧得多了的这份责任，所以就会绑架孩子吃。孩子的良知告诉他，不能够浪费。但是他的胃口告诉他，他吃饱了。所以，他才看了我一眼，表达了自己的真实想法。而此刻，我的接纳让孩子的罪恶感释放了。

我的胃一直反反复复地出现问题，当我开始观察自己吃饭时，我发现一顿饭下来，自己身体的需要很少，但嘴巴的欲望很大。现代的疾病，很多都是吃出来的。原本是为了自己的健康而吃饭，但在不知不觉中，我们却吃出不健康的自己。就像我，每一次家里的剩菜，我都不由自主地想要硬撑吃光，总是有一个声音在告诉我，吃不了浪费。我一直被“不能浪费”这个声音绑架，于是，不浪费食物就让胃负重前行。通过观察自己的吃饭，我在和绑架自己的声音对抗，我正在学习让自己的胃被尊重。

当我不再绑架自己的时候，我也可以客观对待孩子，也努力不再用所谓的浪费和营养绑架孩子。我相信孩子的胃知道答案，我学习尊重孩子。

以前，我经常会在吃饭的时候，告诉孩子这个有营养，那个对身体好，让孩子多吃，强迫孩子吃，当孩子不吃的时候，我就会觉得孩子不听话，不够好，我完全忘记身体本身就有选择能力，孩子自己有能力选择自己想吃的食物。

我正在努力，不再用自己的付出、价值观和信念绑架孩子，让孩子觉得自己饭不吃完，或者剩下倒掉，是一种罪恶感。

我不再强迫孩子吃饭，不再强迫孩子光盘。我正在努力调整自己烧饭的能力，控制自己烧饭的分量及味道，来避免浪费的现象。我也在尊重孩子的选择，让吃饭变成一种快乐的过程。

我在通过做饭和吃饭来改变自己，从而影响孩子。让吃饭和做饭变成一种温暖彼此、幸福彼此、爱彼此的美丽时刻！

我的孩子不容易

我把车开到学校门口停下，孩子说："我走了哦。"伴随着一声叹气，他准备起身下车。

儿子的叹气声，瞬间抓住了我的心，刺痛了我的心。我感受到了他想要变好的心，以及此刻面对高考的不自信，我很心疼我的孩子。

我立刻把手伸到儿子面前，他看我一眼，顿一下，心领神会地握住了我的手。我们母子俩的手紧紧地相握，眼神对视，微笑一下，一切尽在不言中。

儿子下车后，从我车头前的斑马线走过，步伐轻盈。目送他的背影融入人群中，我流泪了，也很庆幸刚才的一瞬间，我抓住了他的感觉，我们彼此的一个互动，给到他及时的支持，让他面对高考不再孤独前行。

一个个孩子从我眼前的斑马线穿过，有的刚刚从父母的车里下来，手里还捧着书。我相信，无论这些孩子是什么样的，他们都是想要变好的孩子。

此刻，看着眼前穿着同样校服的孩子们，我很感动。孩子们都在坚持不懈地学习，身体与精神都在坚持，他们很不容易，却依然没有放弃。

我不再只是看见孩子的学习，盯着孩子的缺点，指责孩子的不努力，孩子都不容易。无论孩子在别人的眼中是什么样，即使他有无数个缺点，但是，只要有一颗想要变好的心，他就值得我们用接纳、包容和相信去等待。允许孩子不够好、慢一点，相信孩子最终都能够成为最美的自己。

我的孩子无论好与坏，都是我家的宝贝，是我们家庭的希望、家族的未来。所以，别人可以嫌弃我的孩子、不相信我的孩子、打击我的孩子、吐槽我的孩子、指责我的孩子，而我作为妈妈，是孩子生命的依靠。我永远不放弃对孩子的相信与支持！因为即使孩子有错，也是我错在先。父母是原件，孩子是复印件。而作为父母，面对孩子的问题，需要反省自己，保持对孩子无条件的相信。父母对待问题孩子的态度，就是他们想要变好的最坚强的后盾，也是他们最后的希望。

前天，儿子跟我分享：隔壁班一个同学出现了问题，被救护车拉走了。儿子说，看见同学的样子，他很难受，觉得那个同学好可怜。

我也很难受，为那个同学难过，也为其父母难过。如果父母能够及时看见、看懂自己的孩子，看见孩子的需要，就能及时帮助孩子，支持孩子的需要。理解孩子，就是要理解孩子当下所处的环境、身体状况、精神状况，及时给到孩子帮助、支持、鼓励、安慰和依靠，而不是一味地用“我为你好”绑架孩子，增加孩子的压力。

我相信每一个孩子，都会有压力，但是孩子能不能扛住压力，取决孩子有没有依靠。父母的爱会托起他最后的安全感。

面对高考的压力，孩子的精神高度紧绷，身心疲惫。

儿子说，高考只看结果，不看过程。他的话，让我无奈，也心疼。是的，无论你的过程如何努力，结果并不一定尽如人意。虽然说高考就是过独木桥，结果是残酷的，但是父母需要帮助孩子看见更远的自己。

回想早晨，孩子起床的瞬间，我看见孩子和我一样不容易。

因为我是妈妈，我必须强迫自己从睡意蒙胧中醒来。被闹铃吵醒的感觉很烦，我身体懒洋洋的，睁不开眼睛。我起床很难受，孩子也是一样。我看见自己的难受，感觉到自己的难受，我才能够理解自己，理解孩子的不容易。

孩子身体的真实反应，是要睡觉，眼睛睁不开，渴望继续睡觉。

孩子脑袋里有个想要变好的声音在说："你还不起床去上学，快要考试了。"

没有睡好，孩子的身体很难受；考试的压力，让孩子焦虑不安；学业繁重带来的疲惫感，让孩子力不从心；高考的不确定性，让孩子忐忑不安。

烦躁、焦虑、压力、不确定的恐慌，身体的疲惫，学业的繁重，让孩子一直处在高压线附近。

如果父母叫孩子起床，跟孩子说话的语调是温柔的，心态是平静柔和的，孩子就会感觉到安全、有依靠，从而变得平和；如果父母是担心、焦虑、恐惧、紧张，不断提醒孩子要迟到了，催促孩子快起床，孩子自己的焦虑感没有被平衡，父母又赋予了新的焦虑情绪，孩子就更加容易爆发情绪。

面对处在高压线附近的孩子，我选择闭上嘴，让自己安静下来，温柔下来。只有平静温柔的父母，才可以托起孩子的负面情绪。

每一天，我都在提升自己，让自己微笑、自信，不问学习，只是随时随地地观察孩子的状态，及时调整、支持和帮助。

我在无声的世界，用无声的爱，演绎着我对孩子的支持，滋养孩子紧张的心，这些是比语言更加具有力量的妈妈的爱。

每一天，我都在想办法赋予孩子能量，把自己变得开心、正能量。眼神温柔，肢体温柔。

高考即将来临，我不再关注孩子的学习，而是调整他的状态，调整家庭氛围，利用猫咪，挖空心思逗他开心，让他放松。

我会及时关注孩子当下的焦虑，利用一切可以利用的资源。下午，我到社区上课，需要比儿子提前走。于是，在我走之前，我把孩子的二十元晚餐费放在饭盒上，又另外加了十元，并留下一段话——

儿，妈很心疼你努力的样子，妈妈为你的坚强感动，带上钱买点好吃的，心疼一下我的儿，祝福我的儿。

我的孩子不容易，他正在努力迎接高考，也正在努力平衡自己的身体，平衡自己的各种需要与反应。作为妈妈，我心疼孩子，看见了他的不容易，也愿意和他一起面对困难。我知道，当孩子有能力的时候，孩子自己可以承载自己，孩子有自信。而我要做的，就是和孩子一起面对孩子的缺点、问题，孩子的不容易、不自信、不确定，孩子的迷茫和无助。

我要做的，就是接纳他做不到的部分，和他一起守护他的负面情绪。支持孩子那一颗想要变好的心，让孩子不伤心、不灰心。

接纳自己的孩子，相信自己的孩子，感恩自己的孩子，祝福自己的孩子。努力让自己成为别人羡慕的父母！孩子自会长大成人。

第 六 章

让爱升华

家庭教育，其实就是让每一个家庭充满爱、充满希望、充满幸福，并能够将幸福与爱代代相传！

孩子，欢迎回家

因疫情居家上课两个多月的儿子，终于复课了。从相对宽松的家庭环境回到紧张的校园环境，我感觉到孩子明显力不从心。他很想变好，但担心自己制订的计划不一定能够完成。每一天，他都想早早地起床，可是睡下了就很难叫醒，我感觉到他正在挣扎。高考的压力、学业的压力扑面而来，他和我们成人一样正在经历自我整合的纠结期。所以，我不断地提醒自己，调整自己的状态，不影响孩子的状态，并且能够接纳孩子的状态，给孩子最有力的支持。

我每天都精心准备晚餐，然后自己坐在桌子前，把自己调整到快乐的状态，一边工作一边等待孩子回家。

通常门一开，儿子说："我回来了！"

我立刻回应："欢迎回家！"

儿子接着说："有没有吃的？"

我说："我已经准备了，请享用！"

儿子一边吃一边说："我好累，吃完了我就睡觉。"

虽然我有点想问他怎么了，但我知道孩子现在不需要被问问题，更不需要听道理。我只是看着他，感受着他的疲惫，有点心疼！我立刻说："好，吃完睡觉，最近辛苦了，好好休息一下！"说完，感觉儿子坦然了很多。我真的能够感受到，自己对孩子的心疼，也能够感受到孩子坚持的疲惫。当我完全接纳孩子的感受时，我发现孩子好像变得轻松了一点。他吃完饭逗了一会儿猫咪，并没有睡觉，而是又开始背书了。

我忽然明白，原来孩子很努力，只是身体感觉疲惫，他的身体想要睡觉。当他告诉我他的感受，我没有担心他，没有指责他“这么早就想睡觉”，我也没有告诉他“你应该怎么样”，更没有问他“为什么”，我很庆幸自己通过学习，成长了！

我完全地接纳他的感受，认同他的感受，尊重他的感受，他感觉自己很安全！当他的感觉被我看见，他轻松了许多，所以他又坚持学习了。

坚持学习到夜里十二点半的时候，他说：“我睡觉了，明天早晨早点叫我起床。”我很庆幸，我是平静的妈妈。原来妈妈的平静，可以是孩子坚持的动力。

回顾最近孩子的状态变化，好像真的跟我的状态有着非常微妙的牵扯。孩子影响着我，我也影响着孩子。我开始观察自己、观察孩子，调整自己的状态去影响孩子。

高考在即，孩子身体的高速运转，休息和睡觉的时间很少，加上学习任务的繁重，以及对高考的不确定性，孩子的身心时刻处在紧绷的状态中。孩子处在高压线下，如果我的状态平和，孩子就会放松、轻松。如果我的状态是担心、紧绷、焦虑、急躁、烦，就是在点火，一定会引爆孩子的情绪，让孩子抓狂。

早晨叫孩子起床，如果我不催促、不着急，只是提醒他该起床了，非常明显，孩子基本上没有起床气，状态就很平稳。

如果我的心里担心孩子迟到，担心孩子考不上好大学，就一定想要提醒孩子快点起床，抓紧学习，不断催促，语调强硬，孩子就很烦躁，很抗拒起床，甚至会抓狂，又或者赖着不起。

我们一直都在嫌弃孩子情绪不稳定，却不知道自己是导火索，是因为自己的情绪引发了孩子的不稳定状态。父母正在用自己的状态，唤醒孩子的状态。我们平静温和，我们接纳认同，让孩子被理解、被看见、被尊重，孩子的状态就会轻松自信！

某天午餐时，孩子说我烧的猪蹄很肥腻，言下之意是吃不完了、要浪费了。当我看懂自己带给孩子什么样的状态时，我在努力改变我自己。我说："没关系，猪蹄油腻，你吃牛肉。今天是我多烧了一点，我准备送给舅舅，去看看舅舅。"儿子说："舅舅怎么了？"我说："没什么，就是最近生意惨淡，他压力大，很辛苦！"儿子立刻说："让表哥做兼职，帮他爸爸分担一点。大学生可以做一份兼职了！"然后，他谈了他自己的看法。

我很欣慰，自己没有用食物绑架孩子，让孩子现在能够轻松地吃饭，不再背负一种来自妈妈的期待。

家是孩子的安全港湾，妈妈在家等你回来，是最浪漫的幸福。

当孩子累的时候，欢迎回家！

当孩子委屈的时候，欢迎回家！

当孩子迷茫的时候，欢迎回家！

当孩子无助的时候，欢迎回家！

妈在，爸在，家在，家一直是孩子最有力的支持、最安全的依靠、最幸福的港湾！

孩子，欢迎回家！

成人礼

外面下起了2020年的第一场大雪，儿子班级群通知，因为天气原因，晚自习提前放学。儿子原本计划让我接他到图书馆，我们一起继续自习。看着漫天大雪，我们两个决定回家。

顶着风，踏着雪，伴着朦胧暗淡的灯光，我们朝着停车的地方走去。远远的桥上，一个同学正在艰难地推着电瓶车爬坡。桥面很滑，车轮也跟着在打滑，推着车的同学很吃力，推不上去。我和儿子准备跟上他，帮助他。但当我们走到跟前，那位同学已经推上去了。夜晚的桥面有点昏暗，我们行走在上面，忽然感觉后面有道影子闪了一下。我还没有来得及反应过来，就看见一个孩子冲上了桥面，一瞬间又冲了下去，摔倒了。原来这个骑自行车的同学，想一鼓作气冲上去，因刹不住车，摔跤了。看得我胆战心惊，感叹孩子一点安全意识都没有。幸亏，他的衣服穿得厚，没有受伤，爬了起来，推着车走了。我也发动车子准备离开。

这时儿子说：“等一下，你看那个摔跤的同学停下来了，是不是车子摔坏了？如果摔坏了，我们把电话借给他打一下，通知家长过来接。”听儿子这么说，我真的有点感动，他的这份细心与爱心，也让我感到惭愧。他拿着我的手机过去，和同学交流了一下。我不知道他们说了些什么。后来，那位同学骑车走了，我们也冒着满天飞雪回到了家。

进门后，我赶紧坐在沙发前，换下潮湿的衣服。儿子这时走过来，说："妈，谢谢您！"我有点吃惊，觉得不好意思，我们彼此拥抱了一下，感慨一声："十八年了！"我已经忘记了，今天是儿子的生日。

昨天晚上，我已经提前给他过了生日。所以，在我的认知当中，他的生日已经过了，就没有放在心上了。很欣慰，儿子还记得，并且认认真真地给我道谢。回顾昨天晚上的情景，感慨万分。

昨天晚自习结束，我接到儿子，他说要到图书馆继续自习。我骗他说："我们还是回家吧！爸爸打电话来，说有人送东西过来，让我们回家接一下。"他立刻很生气，说："是不是爸爸回来了？爸爸回来就回来，你干嘛打乱我的学习计划！"我心里郁闷，这小子一猜一个准，干嘛那么敏感呢？

因为儿子的生日和爱人进入游学营的日子是同一天，为了给孩子一个不一样的十八岁生日，爱人和同事开车从北京赶往杭州游学营的路上，特地拐回家给孩子办一个成人礼。我们夫妻俩秘密谋划，准备给孩子一个惊喜。我偷偷地定制了蛋糕，用橘子做了几个橘灯。恰巧，我们给他的生日礼物也到家了，一切都是最好的安排。我和爱人又一起到超市购买了一些零食、水果。然后，我去接儿子，爸爸在家布置。

虽然，他气我们打破了他的学习计划，但还是选择了回家。

刚刚被他抱怨了一下，理性上虽知道孩子想要好好学习，不想耽误时间，这是好事。感性上还是有点委屈的，我给你准备惊喜，你还抱怨我。

带着一点点情绪，把车停入车库。等我回到家，爸爸已经把家布置得很温馨了，爷俩正聊得开心。能够感觉到，儿子是很感动的。他以为爸爸没有时间赶回来了，这个生日凑合过一下就行。

我们一起帮助他点上蜡烛，看着眼前这个一米八五的男孩，双手合十许愿，我的眼眶湿润了。十八年了，今天，我能够如此清晰地看见自己、看见孩子，看见此刻我们拥有的幸福，并能珍惜、感恩！这是一种觉醒的幸福。

当儿子和爸爸拥抱在一起，我的眼眶再次湿润了，幸福如此的简单，幸福就是一家人温暖着彼此。

以前儿子过生日，我们也会办一些活动，但并没有像现在这样，如此清晰地知道，自己在干什么，在表达什么。我们会刻意地通过仪式感来表达爱，让孩子感受到爱。给孩子物质，孩子只会长大；给孩子精神，孩子才会成人。

感谢孩子，用十八年的陪伴，让我成长！我无比庆幸，自己有此刻的成长。十八年来，很惭愧，因为曾经的无知，给孩子带去很多的伤害。感谢孩子的坚强、宽容，让我能够在自我救赎中觉醒！

我们用醒来的方式表达爱，通过外在的物质演绎，通过仪式感，把爱的感觉演绎出来，长在孩子的心中，变成孩子心中的种子。

天籁之音

周末我正在做饭，只听见儿子在房间大呼小叫地喊："妈，快来看，小宝（猫）正在把你写的纸条从墙上撕下来啊！"儿子在不知不觉中回到了孩童状态，告状、撒娇，多了一份孩子气。他逗小猫，和猫咪藏猫猫，打打闹闹，让家多了一些欢腾和喜悦。听见他在告状，吐槽小猫撕我写的小纸条。这种状态的儿子，让我很开心。

每天我都会在他的房间留下小纸条，我以为他不在乎，现在看来他乐在其中。事实证明，不问结果，只去耕耘，就一定会有收获，我们母子也从高一时的情绪多发阶段，成长到了彼此能和平相处和包容对方的阶段。

刚进入高三时，儿子还不太适应高三的快节奏。记得有一次，我问他距离高考还有多少天，他特别反感，怼了我。他的确可以生我的气，谁让我通过倒计时变相地给他施加压力。为了弥补我的错，借他夸我烧的菜比以前好吃时，我立刻说："我要好好珍惜和你在一起的时光，好好努力，提升自己做饭的能力。一旦你上大学，妈妈做的饭，就得不到你的赞美了，我烧得再好吃，你也吃不到。所以，我要好好表现，珍惜现在烧饭的机会，珍惜和你在一起的日子。每一天，我都在感恩、珍惜我们在一起的日子。"这之后，他不再忌讳谈倒计时了，他对我越来越有包容心。他的感觉变了，自己在网上买了一本高考倒计时台历，每天提醒我替他翻页。为了切换倒计时带来的紧张感，我每一天在翻页时，都会在上面写下温暖的词语，转化他的感觉。

时间一天天流逝，压力也还是天天有，只是我们在压力中，努力寻找着在一起的快乐！

就像前几天的一个晚上，我送饭到学校。学校门口密密麻麻停了许多车，私家车、电瓶车和自行车混在一起，加上翘首盼孩归的父母们，一片拥挤又热闹的景象。放学铃声一响，便陆续走出来穿着清一色校服的孩子们。父母都目不转睛地望向校门口，寻找自己家的孩子。我终于盼到儿子出来，他看见我立刻说："踢球湿了衣服，我们把饭带回家吃吧！"我说："好，赶紧回家。"我自己都佩服现在的自己。我佩服自己当下的干脆利落，对他的所作所为没有任何的抱怨。如果是以前的我，一定会唠叨指责他："踢完球也不及时换衣服，生病了怎么办?"也一定会抱怨他："饭送来了，还要回家吃，耽误自习时间！"我抱怨他，他抱怨我，两败俱伤才罢休。

儿子又接着说："我带你从公园穿出去，顺便看看夜景。"我说："好，你做主，你的地盘你做主。"

夜幕下，顶着温馨而柔和的灯光，我和儿子飞驰在公园的小道上。夜，宁静而祥和，星星点点的灯光，穿插在树与树之间，形成了公园中特有的、色彩斑斓的夜景，真的好美丽。此时的我，内心是满满的感动与幸福！

曾经的小孩，已经长大成人了。不再是我领着他前行，而是他即将领着我，成为我的依靠。仰视儿子的后背，看着这个带着我飞驰的大男孩，我感慨万分。所有的酸甜苦辣，就在当下，收获了满满的感动与幸福。

回想自己，刚从一个生意人转换到家庭主妇的那段岁月，迷茫、迷失、无助，还有和孩子情绪对抗的疯狂，品了一路的酸甜苦辣走过来。我无比庆幸，自己能够不忘初心，在纷杂的世界守住了自己，让自己安于家庭主妇的角色，让自己在家庭中沉淀、突破、成长。

以前，这个嫌弃我、离我十八丈远的叛逆少年，现在特别喜欢带我兜风。一有机会就会带着我穿插在学校附近公园的每一条小道，跟我分享学校的风景，他真是一个“暖男”！

我还没有品尝完此刻的幸福感受，就已经到家了。快快乐乐地到家，儿子换上衣服，我把他的饭盒摆到餐桌上。儿子坐到餐桌前，看着我给他准备的晚餐，竟然开玩笑地说：“哎呀，还有鸡汤！你搞得这么隆重！”我笑着说：“你老妈本想买肉，结果肉的价格有点吓人，老妈为了安慰自己，只好奢侈一把买了鸡。”我们两个互相调侃，乐呵呵的。

接着儿子又说：“今天我同桌的外婆去世了，看他哭得很伤心，我好想流泪。”说着我感觉他的泪水快要流出来了。他继续说：“我奶奶去世，我当时都没有太多的感受，只记得模模糊糊的影子。我记得当时别人让我哭，我不会哭，就假装哭。想想，现在觉得挺难过的。”

我说：“不能够怪你，你那时候刚刚上幼儿园，还小，不了解去世是什么，这很正常。其实，奶奶和外婆特别地疼你，她们在另一个世界祝福你。”于是，我跟他分享小时候，奶奶与外婆都是如何地爱他，以及他出生时的幸福与喜悦。家，因为我们的回忆，更加温暖而温馨。儿子接着说：“等我高考完了，我们一家三口，带着爷爷出去旅游一趟，让爷爷看看外面的世界。”我说：“好，你讲得对！支持！顺便带着爷爷去你的大学走一走，看一看。”儿子说：“好！到时候你们一起送我去学校。”接着，儿子又说：“我还想再去一趟江南贡院。上一次去，我的内心是浮躁的，学习也是浮躁的，状态也是浮躁的。当时祭拜先祖，我感觉自己是在敷衍，现在想想，觉得不对。”他接着解释说：“我不是迷信，我现在觉得祭拜先人是我们中华民族传统美德，应该保持！”我说：“你讲得对，其实我们祭拜先人，是在培养我们自己的敬畏之心和感恩之心。你有这份心，爸爸也会很开心！等爸爸回家，我们一起再去一趟。”

和儿子聊天的过程，我是心潮澎湃的，我感觉这是世界上最美的声音，是天籁之音。不问结果，只负责耕耘，我终于触碰到了花开的感觉。静等花开需要一份耐力，我愿意安静地感受我们家的花骨朵，沉淀自己，准备开放的声音。

曾经的痛，曾经的苦，都化作了一句：“坚持下来的感觉真好！”迷茫、担心、害怕、徘徊、无助，这些感觉已消失在昨天！

那种不知道结果、不知道方向、不知道未来、不知道答案的等待，是一种煎熬。如何在等待中相信孩子、坚持自己，是我们的功课。因为，当父母自己迷茫，就会疯狂地想要在孩子身上找突破口，反而伤自己、伤孩子。

每天，我们都在担心和恐惧花儿开不了，期望孩子的未来，又担心孩子的未来，怀疑和恐惧孩子的未来。看见孩子的学习成绩滋生的情绪，就像一部交响曲，不断地在心里演奏，影响着自己，影响着孩子。彼此情绪碰撞时，就会激化彼此之间的矛盾，恶化彼此的关系。当我不再执着于成绩的时候，我更加能够客观地看待成绩与孩子的重要性，给到孩子最好的帮助。

就像前几天期中考试，老师在群里发成绩，看见儿子的成绩总体下滑，我觉察到我的内心没有担心。现在考得不好是一件好事情，可以起到警醒作用，让他知道努力。其实没有考好，我也挺心疼孩子的，我要更加关心他，不能够让孩子在失败中失去自信。没考好的时候，孩子更需要帮助支持。于是，看完成绩，我把页面停留在老师发的分数表上，我知道儿子吃饭的时候，一定会看我的手机，因为他买了球衣，这几天他在关注球衣的快递动态。

开门声响，儿子说："我回来了！"我立刻从厨房伸出脑袋，开心地回应了一声："回来啦！欢迎回家！马上吃饭。"儿子说："先把手机给我看看，我的衣服到哪里了？"我立刻把手机递过去，然后，看见儿子抿嘴朝我笑了一下，说："你看我的考试成绩了？"我也回他一个笑脸说："我是你妈，如果我不看你的成绩就叫不正常，我看才是亲妈。"他笑了笑说："你讲得对。"我们俩愉快地吃饭。看着他的状态还不错，我说："其实妈妈很惭愧，爸爸不在家，妈妈文化水平有限，帮不到你，让你一个人面对高考压力，辛苦了！"他立刻说："不需要你帮！我这一次语文、数学……没有考好。"看他的表情，他想要考好，但是有点怀疑自己。我立刻说："偶尔没有考好是正常，你已经在很努力了，你需要妈妈为你做点什么？"他说："不需要，按照平时做就行了。"我说："那我努力，继续把饭菜做得好吃一点。"他说："这个还行，可以考虑。"

饭后，他和小猫踢球，我开玩笑说："等你高考完，给我的书写一篇序。"他立刻回答："为什么你非要等到我高考完才想着要出版呢？我压力好大啊！"我说："不要有压力，你只是用一个高考生和大学生的身份给我写一篇序。"他立刻问我："会有人买吗？"我笑着说："没有人买，我就送。反正我不担心生活没有着落，你答应过我的，你上班后，每一个月，给我一千块钱零花钱，够用了。”他立刻说：“肯定给你，一千块够不够你花啊?”我说：“不够还有小红包，你可以再给我发些小红包。”他立刻坏坏地笑了一下说：“那我也让你叫一声。”我立刻回：“儿。”他哈哈笑了……瞬间，我的内心充满了感动。

每周的零花钱，我都会用红包的方式发给他，在发红包之前，我都会先抛一句：“叫一声……”儿子立刻心领神会：“妈!”我也立刻回：“哎！儿乖。”外加一个笑脸。然后，我把红包拆成多个小红包，让儿子被红包不停地砸中，感受着红包带来的开心快乐。

我没有想到儿子已经记住我对待他的方式，泪水在我的眼眶里打转。儿子和我的对话，好似天籁之音，让我很感动。我为儿子而感动，也为自己的坚守而庆幸，儿子的心里有家，有爸妈，家是温暖的!

感恩一路坚持，一路遇见!

爸爸，当你老了，我陪你去看世界

亲戚的小孩来我家做客，我俩在聊天的时候，我看见她的手机屏支离破碎。我问："手机怎么了?"她说："跟同学吵架摔的。"我问："别人摔的?"她很生气地说："我们俩吵架，我自己摔的。"我无奈、郁闷，还有帮着别人一起欺负自己手机的人。我问："手机是谁买的?"她说："爷爷和爸爸出的钱。"我问："手机传递的是什么?"她说："没有想过，我只知道这是手机。"我说："同学之间吵架，有情绪是正常的，但是把自己亲人送的祝福给摔了，就是一种不珍惜的行为。你看得见的是你摔的手机，看不见的是爷爷和爸爸两代人对你的爱与祝福。"她笑了一下说："我从来没有想这么多，不过摔过觉得后悔，还要花钱修屏幕。"

遗憾这孩子对手机的不珍惜，但是我没有去批评孩子，因为她的长辈没有启发她看见手机传递的是爱，她只是看见了物质，看不见精神。对于这一点，我和爱人一直很认真地在影响儿子。

暑假，儿子和两个姐姐在学业上都上了一个新的台阶，一个高中，一个大专，一个本科。

在姐姐们的升学宴上，爷爷很开心，给三个孩子每人一个大红包。儿子收了红包，立刻递给我说："妈，给你补贴家用吧!""财迷"儿子的这个举动让我感到很意外。我说："姐姐的钱都自己存着，你对老妈如此放心，让我很感动。"儿子说："我平时用的钱，还不是你给的吗?"最终，儿子把红包交给了我。

过了一段时间，爱人从外地回家，我们讨论这笔钱的用途，是就当作生活费给用了，还是重新转化一下，把这笔钱的价值放大，提升孩子的感恩之心。商讨决定，把这笔钱通过孩子的手，再次花在爷爷身上，陪伴爷爷出去旅游一趟。当我们征求儿子的意见，他立刻说："同意，这是应该的！趁爸爸休假，请爸爸陪同爷爷去一趟北京或者上海。"

因为儿子要上课，我留下陪他。征求爷爷的意见，爷爷选择去上海。

从上海回来，爸爸分享和爷爷在上海的趣事，逗得我们一家三口哈哈笑。为了爷爷出行方便，住宿就定在了外滩。在宾馆，爷爷一边比较，一边嫌弃地说："什么五星级的宾馆，还不如我们那里的旅社，竟然要六百多块一晚。"老人一边开心游玩，一边心疼钱。"一碗面条都要几十块?"爷爷边吃，边像小孩一样问十万个为什么。看黄浦江的夜景时，爷爷说："灯好看，景色也好看，就是哪里来的这么多人呢?"爸爸声情并茂地分享和爷爷经历的趣事，我和儿子听得津津有味。突然儿子冒出一句："爸爸，等你老了，我也带你去上海吧!"然后他接着又说："噢，上海你已经去过了，我还是带你去国外走走吧!"我和爸爸都很感动，儿子是个有爱的人!

此刻我恍然明白，原来教育其实是一种榜样的影响，红包化作爸爸对爷爷的爱，儿子对爸爸的爱。

当你老了，我会陪你一起去看世界，这是最美的告白，也是最美的祝福。

透过老人演绎孝

午餐后，我对儿子说："我冲杯果汁喝，要不要帮你冲一杯?"儿子说："你冲柠檬味的，橙子味的给'老顽童'爷爷带去，柠檬的酸，他怕酸。"儿子的这句话让我很感动，比我自己喝了还要开心。因为他心中有爱，细心，愿意分享。

"老顽童"，是我们这两天给爷爷起的外号。

前两天，儿子买了拔丝蛋糕，让我给爷爷带几块。爷爷看见蛋糕，立刻不屑地直摇头说："蛋糕我吃得多了，不好吃，我不吃，你把它带回去吧!"看着他满脸嫌弃的表情，我有点无奈，干吗这么直白、这么不领情呢！我说："这个蛋糕是你孙子买的，蛋糕房开发的新品，他让我带给你尝尝，吃一块，剩下的我都带走。"结果他吃了一块，就抓住袋子不愿意松手，说："这个蛋糕真好吃，和我以前吃的不一样，我以前没有吃过，都留这吧。"第二天，一见到我就说："昨天的蛋糕吃完了，你回头再买点带过来吧!"我更无奈，他简直就是一个孩子的状态。放学路上，我把爷爷的表情、声音模仿给儿子，我俩都觉得爷爷的样子好好玩，模样就像个小孩，于是给爷爷起了个绰号——"老顽童"!

我们在快乐中，一起去给"老顽童"爷爷买拔丝蛋糕！这几天，我每天都会给儿子分享和老人在医院的趣事。爷爷八十多了，精神抖擞，没有什么大毛病，遇到忽冷忽热的天气，支气管哮喘的老毛病就会犯，所以到医院疗养。每次到医院，就像是走亲戚，整层楼的护士都认识他。

刚开始的时候，对去医院照顾老人，我心里也是抗拒、烦躁的。因为老人一住院，就会打乱我们的生活，让我在医院、学校、家里、菜场马不停蹄地奔波。我每天忙得焦头烂额，折腾得很累，心里就会委屈、有情绪。不知不觉中，当我有情绪的时候，我见到孩子，就会抱怨，我的感受对孩子的影响很大，他也跟着烦躁。

这次入院的第一天，早晨先送孩子上学，然后接老人到医院。办理入院手续，配合各种检查、缴费，时间紧凑，忙完已经到了中午，匆匆忙忙赶到学校接儿子放学，突然觉得自己饿了，才意识到自己还没有吃早饭。不知不觉，我就向孩子诉起苦来。孩子很生气，开始抱怨起家族的其他伯伯，他说："你应该把大家都安排起来，一起排班，你这样一个人会很累，我这是为了你好。"那一刻，我立刻觉察到自己错了，我应该只负责管好自己家，尽我所能，做好自己应该做的事情，他们的事情，我做不了主。于是，我赶紧解释，他们也会来照顾，只是大家都上班，工作忙，而我时间相对自由。

很多时候，自己不知不觉就把自己忽略了，然后从孩子或者爱人处索求，求爱、求关注，得不到就会要求、指责、抱怨孩子和爱人。

当我意识到这一点时，我觉得非常有意义，爱好自己才能给别人真正的爱。当一个人自己缺乏爱的时候，如何去爱别人，又拿什么去爱？即使给出了爱，也是在透支自己。透支的越多，委屈就越多，情绪就越多，报复也就越来越多。在行为上是关心别人、爱护别人，在感觉上是在委屈自己、伤害自己，自己背负的情绪，最终还是要从别人那边讨回来。所以，一个人爱自己，才是最正确的爱。

接下来的日子里，我开始关注自己，每天在照顾他人的同时，不再纠结家里的事情有没有做完，而是确保给自己一定的休息时间，让自己随时保持平衡的状态。

当我把自己照顾好的时候，自己得到了满足，就不会抱怨，就不会有委屈，就会用积极的心态，把爱传递给他人。

每天，给孩子分享和老人之间的快乐，把孩子的孝心通过孩子买的食物转达给老人，也会把老人的爱通过感谢传递给孩子。

人生就是分享什么，得到什么。

分享快乐，就拥有快乐；分享抱怨，就得到抱怨；分享痛苦，就拥有痛苦。

嫌弃伺候老人累，孩子就和我一样有情绪。透过老人演绎孝，孩子和我就都拥有了快乐。

做什么，我们就拥有什么。

当你带给别人欢乐，你就会得到欢乐；当你带给别人祝福，你就会得到祝福。因此，要时时心存好意，口说好话，身行好事。

孩子正在用你的方式演绎自己

收到大学录取通知书后，儿子开始忙于参加同学们的升学宴。从本班到他班，从初中到高中，每一天他都忙得不亦乐乎。有时宴席过后还去唱歌，很晚才回家。孩子的活动节奏，让我内心不舒服。我希望孩子和我一样，早睡早起，所以我不接受他的行为。在认知上，我感觉孩子上大学只是新的开始，他现在就不努力、不自律、不懂得父母的辛苦了。我给孩子贴上了不好的标签，连同觉得他的同学也不好。

絮絮叨叨地提醒他早点休息，他只是听我说说而已。诸事不顺，反求诸己。当我无法改变别人的时候，就是我自我反省的时候。

回想前几天，围着饭桌吃饭。儿子嘿嘿一笑，跟爸爸说："我现在终于理解了你，原来，当初你应酬是这么的辛苦。以前我觉得你很快活，但现在我不这样想了，有点累!"

儿子，正在通过自己的经历，感受着爸爸曾经的经历。他的一句话，让我这么多年的困惑被解开。那就是，孩子当初为什么不愿意让我去开家长会。

原来，爸爸那时在单位上班，经常有接待应酬。儿子放学没有人带，爸爸就把他带在身边。孩子看不懂爸爸在干什么，只看见爸爸每天在外面吃饭、喝酒，很快活。那个时候，妈妈在做生意，每天忙忙碌碌，一身疲惫，干的活烦琐、劳累。一边是爸爸的轻松快活，一边是妈妈的辛苦劳累，孩子的世界分裂了。孩子很善良，心疼妈妈。但是，他又很无力，不知道怎么去帮助妈妈。所以，当孩子跟着爸爸一起应酬的时候，他的内心就会嫌弃妈妈不够优秀，就会希望妈妈像爸爸一样，可以吃喝玩乐。

最近，孩子正在通过参加升学宴感受爸爸曾经的生活，感受应酬的感受。

父母在孩子面前呈现出来的，孩子一定会用自己的方式演绎出来，现在我终于相信了。

但明白得有点迟，很惭愧。

孩子今天的行为，一定和父母的昨天息息相关。

如果我们改变不了孩子当下的行为，也影响不了当下的大环境带来的牵扯，就不要强行要求孩子改变，否则孩子只会离我们越来越远，亲子关系也会破裂。

生命的每一个当下，都是一种领悟。让孩子去经历，让孩子去领悟。无论如何，孩子都正在用你的方式，演绎他自己。

而父母只是需要调整自己，改变自己，我们是孩子眼中的风景、榜样！

我们变了，孩子就会有变化。感恩一切的遇见，让我成长。

老师是我必须敬畏的人

收拾房间的时候，一本书被碰落在地上，我捡起一看，书名是《如何做好妈妈》。以前看见这本书，感觉自己只要做个好妈妈，就一定可以胜过好老师，甚至有时候，自己做得不够好，还对孩子的老师指手画脚。今天，再回头，我很惭愧，我为自己的傲慢忏悔，并感恩我的孩子生命中遇见的每一位老师。

回顾孩子成长的轨迹，好妈妈只能够是好妈妈，永远替代不了好老师。孩子的人生中，从幼儿园、小学、初中、高中、大学，到走入社会，是无数个好老师成就了孩子，托起了孩子的未来。

好妈妈，是替代不了孩子生命中遇见的一个个好老师的。

好妈妈，一定是既懂得做个好妈妈，又谦卑，能够感恩敬畏所有老师的人。

好妈妈，是懂得借助老师的力量，成就、托起自己孩子的人。

信其师，亲其道。孩子只有相信老师，才能够心悦诚服地接受老师传播的知识。

疫情下，父母成了半个老师，无数个好妈妈一定程度上扮演着老师的角色，却发现，亲子关系破裂了，家里鸡飞狗跳了。父母纵使学历再高，能力再强，也有教不好自己孩子的时候，更何况我这个学历低的。

我有自知之明，做不了好老师，我宁可做好妈妈，借助老师的力量影响孩子。而那些正在想要做好老师的父母，也正在让孩子抓狂。因为孩子无法切换自己的角色，从做父母的孩子变成做父母的学生。

父母是爱孩子的，从小到大，对孩子百般呵护、满足、照顾、疼爱有加，孩子已经习惯了这样的爱。现在，面对孩子的学习，父母成了老师，而孩子面对父母的面孔，不知道自己当下是谁，非常混乱，混乱的孩子，拿什么精力学习？

而我，面对一个高中学生，唯一能够做的，就是做个好妈妈。我一直都在觉察自己，觉察自己的角色，努力不错位。每天孩子上完网课，我立刻表达感谢，感谢孩子的不容易，感谢老师的辛苦付出。我和孩子聊他们坚持上网课的不容易，聊老师的不容易。我们在一起，彼此不抱怨、不指责，保持一颗稳定的心。在平和的状态下，坚持到学校开学，孩子回归学校。

学校通知上课，还分发了口罩，我很感动，因为当时很难买到口罩。我问儿子："老师发口罩，有没有通知缴费？"儿子说："没有说要交钱。"我说："无论通知不通知，如果需要缴费，立刻带钱过去。感谢老师的这一份爱心、关心、细心。"儿子也认同。

我接着问儿子："想不想回到学校？"儿子说："怎么不想，在家闷死了。"我开玩笑说："你们都戴着口罩，同学、老师都不认识，怎么办？"儿子说："怎么会呢，你想多了。"

要开学了，孩子很开心，我郑重其事地说："感谢党，感谢国家，感谢学校。"儿子默许了我的表达。

其实，他的内心也有太多的感动。疫情防控期间，我们一起看疫情专题片，一起流眼泪，一起感动过、幸福过。

回顾孩子一路的成长，感恩老师如同父母一样，含辛茹苦，不离不弃。

老师教育学生成人，就像父母对待自己孩子那样，倾其所有，无怨无悔。这份恩情，值得敬畏、值得感恩！所以，孩子的学校是我们必须敬畏的地方，孩子的老师是我们必须感恩的人。从孩子入学到毕业，有些老师，我们做父母的可能都不认识，见面也只能擦肩而过。就是这些和我们擦肩而过的老师，他们替我们守候着孩子的成长，传授着知识，培养我们的孩子长大成人。

当我开始成长的时候，我不再像过去那样，无知无畏，自以为是，我开始尊敬我孩子的每一位老师，相信每一位老师，并教会孩子感恩老师。

无论孩子的老师是什么样的，只要你相信，老师一定会竭尽全力地帮助你的孩子。

请信任孩子的老师，他们都是受过师德教育并怀仁慈之心的人，他们把专业知识准确高效地传递给孩子，没有谁比他们更懂得传授知识这门温暖的学科。

蓦然回首，我的孩子已经上大学了，感恩一路遇见的所有老师，祝福老师幸福吉祥！

转身，绽放属于自己的精彩

大学开学，我和爱人送儿子来到省外的学校。我们带着期待，带着对孩子大学生活的憧憬，带着希望，来到了学校。因为疫情，家长不能进入。在校门口，儿子被一群学姐簇拥着，有的帮助他推行李箱，有的帮助他提手袋。就这样，在他学姐一句“叔叔阿姨，学校不给进，我们带他去报名吧”之后，我们看着儿子走进了学校。

我觉察到自己，人在门口，心已经随着儿子的背影飘进了学校，不舍、牵挂、茫然。理性告诉我，这是孩子成长的必经过程。但是，儿子就这样进入学校，我没有跟着他进入学校，我觉得不甘心，我觉得委屈。

没有看见学校里面的环境，不知道孩子的生活环境是什么样的，不舍中掺杂着不确定。还没有准备好，就被迫和孩子做了分别，我们心里空落落的。我们和所有送学的父母一样，停留在学校门口，眼巴巴地望着学校里面，迟迟不愿离去。

此刻，想起网上发的那些奇奇怪怪的照片，很多送学的父母站在学校门口不愿意离开，还有趴在墙上、树上观望校内情况的，千奇百怪的父母状态，正在折射着我们对孩子的一份牵挂与难以割舍的心。

孩子进入学校，半天没个消息，搞得我们忐忑不安。过了很久，终于收到他的消息，却是：“学校食堂小，吃的东西好少。”

我的心立刻被刺了一下，疼。南北差异大，他能不能吃得习惯、吃得饱？各种担心的念头冒出来，让我恨不得立刻给他购买一堆东西快递进去，但是疫情管控严，我什么也不能够做。

静静地品味着自己那一颗随时都要跳出来去找儿子的心，感受着自己什么也不能够做的迷茫，咀嚼着儿行千里母担忧的心境。为了不打扰孩子，我努力让自己变得坚强起来，也是给孩子一份支持。

因为爱人单位的工作安排，我们送孩子入学后并没有离开，而是停留在了学校附近的宾馆。

孩子在军训，我们无法和他联系上。晚上，我们漫步在学校外围，用脚步丈量学校的周长，感受着儿子在时的温度。学校的高墙，因为有了我爱的孩子在里面，不是陌生的，而是如此亲切。

仰望学校灯火辉煌的窗户，我们在猜测儿子的宿舍是哪一间。发了一个信息给他，让他往窗户外看，看看能不能看见爸爸妈妈。我们停留在路边，仰望着对面学校的窗口，想象着儿子在窗前就能够看见我们。

爱是一种不舍的牵挂，我在难舍难分地自我剥离，也在感受着儿子此刻的心境，感受着他现在的状态，我们都一样，需要时间来让自己成长、坚强。

爱人给孩子发了一张妈妈在直播的图片，告诉孩子妈妈在努力，在尝试新的生活，从锅台走上舞台……

我们可以难过，可以不舍，可以牵挂。我们在不舍的牵挂中，努力照顾好自己，做好自己。当你需要我的时候，我依然安好地在，就是给你最好的支持！带着这份心境，我开始了新的生活，我努力让自己的心平静下来。

晚上睡不着的时候，我发现了一个快速入睡的方法。我利用一呼一吸来调整自己、平静内心。在一呼一吸间，呼时我想孩子的名字，吸时我表达祝福，在不停地重复中，我的心平静下来，带着对孩子的祝福进入了梦乡。

当我想到我的孩子，我就祝福，我就感恩，我就相信。这种相信，源于自信地转身，从锅台走向舞台，绽放属于自己的精彩！

爱是一种默默的守候

朋友曾经跟我分享，自从孩子上大学了，就很少和父母联系，除了需要钱的时候。那时的我，只觉得孩子不懂事。

直到自己的孩子上了大学，我才深深地体会到，那一种嫌弃孩子互动少带来的感受。爱人在外讲学，孩子在外上大学，留我孤身一人在家，内心多么希望孩子每天都和我聊聊天。以前孩子在身边，我是孩子生活的依靠，孩子是我精神的依靠，我们相依互靠，累并充实！现在的我必须面对孤独的自己，开始学着自己给自己依靠。我是否可以？我不知道，我正在体验中！

我刚开始走进孤独的自己时，因为孩子爷爷生病屏蔽了我的孤独感。我又进入了忙忙碌碌地照看和送饭的工作中。从刚刚独自在家的不适应，到刚适应医院和家两头跑时，爱人又给我打来电话，通知我他老家的亲戚过世了。他因为地方教育局安排了满满的家长课程，没有老师可以替代他去讲，无法返回。他的内心很愧疚，所以希望我能够代表他过去表达一份不舍之情。

一瞬间，我的内心有点抗拒，我觉察到自己内心对死亡的恐惧，我害怕去面对。父母、婆婆以及生命中曾经的贵人逝去时，我经历过那种痛的感受，所以我的潜意识是抗拒死亡的。

这一次我带着觉知，去感受生命，感受生死。亲戚近九十岁了，走得很安详。按照当地的风俗，是要按照喜事操办的。灵堂的庄严肃穆和屋外的音乐，让悲伤的氛围时有时无，无法聚焦。小外甥、小重孙叽叽喳喳的声音穿插在屋里屋外，增加了场域的生命力。人死如灯灭吗？死亡是什么？

告别仪式上，面对遗容的瞬间，我看见了自己的恐惧，想起了小时候邻居家老人去世的画面。

下着蒙蒙细雨，我踱步在室外的松针树下，我想要了解生命的意义。于是，再次回忆起小时候让我害怕的画面。睁开眼睛，看着脚下的枯叶，我泪流满面，恍然大悟。其实人的生命，不就是像树一样吗？树叶掉了，并不意味着终结，而是生命的回归、成全。

人与自然万物一样，都来自自然，最终回归自然。树叶的回归是为了成全树根，成全树的茁壮成长，成全树的开花结果。而回归自然是死吗？不，就生命而言，它是生。

看着门口走来走去的小辈，这些一代一代的子孙，他们每一位身上，都有老人的基因信息，他们因为老人而来，因为老人而在，生命就是一种回归、成全、再生的过程！

这几天，经历了一场生死的感悟，再回到家，内心有了很多的感慨及些许的升华。我很感恩家里的老人安好，还有机会让我表达自己的孝心。再到医院陪护，我更能够去感受医院里来来往往的人，他们的心情和心境。我也在反思，什么是真爱，如何表达我的爱。

当我开始抱怨我的孩子不和父母聊天，抱怨孩子需要钱的时候才和我联系。其实都是我内心匮乏的求助，孤独的哭诉。我的内心委屈，因为孩子需要钱而不是我，孩子爱钱而不是爱我。我的爱是一种绑架，把爱绑架在了孩子的生活费上。我只是活在自己内心匮乏的世界中，用伦理道德绑架孩子，说孩子不够爱我。

其实，孩子正在努力地适应学校的新环境，正在努力成为独立的自己，正在努力地剥离自己的情感世界，正在努力成为他心目中的优秀自己。

真爱孩子，就是父母能够自己依靠自己、自己温暖自己、自己做自己。面对孩子，学会放手，才能更好地托起孩子。爱就是默默地守候！你在远方，我能够好好地爱好自己、成全你、祝福你、相信你！

“戒 娃”

和爱人送孩子进入大学后，我周游了半个月才回家。

因公公住院，每天忙碌地陪伴他，我以为已遗忘了孤独与失落。前天在送饭去医院返回家的路上，突然要下雨了。我为了快速到家，避免淋雨，骑车抄近路拐入公园的小路。不知不觉，路过儿子上高中的学校。再次踏上这条熟悉的路，心里是酸酸的、想要哭的感觉。

我觉得自己有点矫情，对这份感受很不屑。可是，我越不屑，内心的酸楚却越来越明显。

这条路，我们母子俩一起走过了三年。晨出暮归，无数个在一起的画面，充斥着我的脑海。我没有觉察，反而抗拒自己的情感表达，不允许自己的情绪出来。这里的一草一木，都有我和孩子在一起的温馨画面，我舍不得放下曾经和孩子在一起的感觉。再次面对这条路，物、景依旧，只是那个男孩已经上大学了。而此刻的我，不再是一个妈妈，而是一个落单的孩子，我已经把儿子当成了依靠。看起来儿子在依靠我，事实上，是我一直都在依靠儿子。于是，我跟自己说：“别怕，你自己可以照顾好自己。儿子需要你的祝福，你难过，他就会牵挂你，放不下你，你就会成为他的障碍。现在，他需要你的支持，他需要自己独立，你也要独立。”

好，我决定从现在开始，“戒”掉我对他的依赖。

说到“戒”，我感受到我内心是不愿意的，我不想儿子离开，但是我也没有办法。儿子上大学了，这是一个无法改变的事实，我不能够把儿子从大学拽回来，我必须独立地做好自己，我觉得很委屈。

感受着自己情绪的变化，我骑车回到家。以前我是带孩子的妈妈，现在，我一边需要“戒”掉我对儿子的依赖，还要用带儿子的耐心、细心去照顾我自己的情绪。

回家开始打扫，在整理儿子的房间时，脑海里又呈现出许多儿子的画面。儿子坐在桌子前写作业、打瞌睡、躺在床上玩手机、穿衣服、跟我说话、打打闹闹，各种各样的画面映入脑海。我很难受，很委屈，于是我哭了。

内在的情绪无法化解，外在就不能平衡。我终于明白，这几天为什么不想拖地，原来是觉得他们都不在家，我自己无所谓，凑合也行。为自己做饭也是如此，到点做饭，有点恍惚，不知道应该给谁做饭，做什么，有凑合、敷衍自己的念头。我是否能够在一个人的时候，依然带着觉知，带着爱给自己做饭？于是我对自己说：“我给你做饭，你可以选择自己想要的食物，我不再勉强你，强迫你。从现在开始，我改变，我不再敷衍你，我会在乎你的感受，尊重你的需要。”为了向自己证明我的决心，我把早晨剩下的两个饺子倒了，本来是准备晚上凑合吃的。看着垃圾桶里的饺子，我哭笑不得，这居然是我倒的。

和儿子相依十八年的点点滴滴带来的感觉，已经融入了骨髓血液，有时候已分别不出他和我。现在我又如何能够说“戒”就“戒”？原来孩子是我的靠山，现在面对孤独的自己，我是否能够给自己依靠，照顾好自己，平衡内心的孩子，这是我的功课，我相信也是所有陪读妈妈的功课。

我们最难搞定的不是别人，而是我们自己。

把孤独的自己，从黑暗处带入光明中，我在努力！我在努力，用对待儿子的方式对待自己，接纳自己，不再苛责，不再要求。静静地感受着自己的喜怒哀乐、酸甜苦辣，让陪伴、支持、鼓励、欣赏、肯定、安慰成为养料，滋养着自己的生命。我在为自己负责，也在为我内在的情绪负责，整合分裂的自我，让自己合一！

自我的回归，从“戒”掉依赖儿子的那份瘾开始，从拥抱内心那个被抛弃的自己开始，让自己能够为自己负责，也愿意为自己负责。

我是一切的根源，爱好自己是一切爱的起点，我永远无法给到别人我没有的。

爱自己，用对待他人的温柔、细心去爱自己！

附录

点亮生命的灯火　成就生命的美好

人和人之间是互相吸引、互相成就的关系。我、我们学校和刘朝霞老师之间，正因为这样的关系互相认识，彼此结缘了。刘老师前前后后来我校为家长们开展了三次家庭教育沙龙，她真诚、坦诚，用亲切朴素的语言点亮了家长心灵的一盏明灯。当刘老师把她在简书上写的文章送给我阅读时，我被她的家庭教育理念、家国育人情怀、自我反思精神深深折服，由衷敬佩。在和儿子风雨同舟的岁月里，刘老师勇于更新自我、批判自己，遵循孩子生命认知的规律，尊重孩子生命发展的体验，遵从孩子生命成长的需求，这一切都让我动容，为之震撼！

我常想，天下有哪一位父母不深爱自己的孩子？但往往许多父母用自己所谓的“爱”，把孩子推向了深渊，推向了毁灭。这些父母给了孩子最好的物质条件，最好的生活保障，却对孩子真正迫切需要的精神需求视而不见。人们常说，父母是孩子生命中的第一面镜子，孩子从父母的镜像中看到自己的存在。正因如此，父母更应该呵护关注孩子的人格成长和心理需求，温润孩子的灵魂，让孩子心灵饱满、生命丰盈。不会自我成长、自我更新的父母在孩子眼里是卑微的，一个卑微的父亲或者母亲，如何能撑得起孩子的尊严，撑得起孩子的未来呢？在错误的教育思想下，在停滞不前的自我观念下，父母失去了教育孩子最根本的尊严。

从刘老师自我成长、更新、反思、实践的历程里，我想到，天下又有哪一个老师不想把自己的学生教好呢？但每天，有多少老师严厉地批评孩子，孩子却无动于衷？有多少老师声嘶力竭地讲题，孩子却早已关上了心门？是我们不够努力，不够有担当吗？不是的，是我们的方式错了。孩子是一个需要被看见的群体。现在孩子学业压力太大，许多孩子心理失常、行为失常，他们活在黑暗中、痛苦中、挣扎中。当学生向我们发出疲倦的信号、发出厌学的信号时，我们做老师的，不能视而不见、听而不闻。一个老师当有敏锐的觉察能力，能感知学生当下的状态，感知他们心中的意想，适时地给予安慰，而非冷漠；给予温暖，而非讽刺；给予帮助，而非压力。看见学生，理解学生，守护学生，最终才能帮助他们，使他们点亮心灵之灯，引领他们实现生命的抱负。

从刘老师的感恩、惜福教育中，我还感受到，人生其实是一段缘，生命中所有遇到的人和事，皆因缘而来，也因缘而散。两人相遇、相知，结为夫妻，最后成为父母都是缘分，要珍惜。人和人之间，就是在心心相惜中，彼此浸润、磨合、完善，互相成就。也因此，每个人都需学会感恩父母，让曾经不经世的自己和年迈的双亲和好。我们还要和自己的爱人和好，相濡以沫，相敬如宾，正是有了他们的陪伴，我们的生命才得以欢乐、温暖、充实、完整和幸福。我们也要感恩我们的孩子，是孩子，成就了我们为人父母的身份，是他们雕琢了我们的生命，使我们体会自己父母的不易，看到自身的不足，从而迫使我们完善自己，淬炼自己，最终成为孩子喜欢的父母。

感恩和刘老师的相遇、相知，从她由一个生意做得风生水起的商人，变为专心带娃的家庭主妇的角色转换中，我感受到了她的艰辛。同样的，老师专业成长过程中的角色转换也是不易的。作为校长，每年看到那么多青年教师，告别大学校园变成孩子们的老师，初踏讲台，脸上带着羞涩和稚嫩，心中带着忐忑与不安，我理解他们，接纳他们，努力为他们搭建成长的舞台；从刘老师对待儿子的方式由控制、吼叫、诅咒到克制、忍耐、祝福的转化中，我看到了老师和学生相处时的最佳状态——放低姿态，不再高高在上，多站在学生的视角看问题，理解学生行为背后的心理，接纳学生当下的心境，更好地助力学生的成长。

亲切如友人，智慧如长者。祝福刘老师，愿她的励志成长故事被更多人知道，愿更多的人像她一样点亮生命的灯火，成就生命的美好！

毛建青　苏州市吴中区独墅湖实验小学校长

育人先育己

2022年12月11日，在牵手万家·父母学堂苏州线下课上，我遇见了刘朝霞老师，了解到了她在简书上发表的文章。在此之前，我失业在家一年多。童年时期的生活经历让我缺乏安全感，失业的状态让我更加焦虑，一度处于抑郁状态。跟随刘老师，让我明白，原来我是那么的不懂生命，辜负生命；原来我给出的我所认为的爱，很多都是伤害。

刚开始读刘老师的文章，我号啕大哭，刘老师的故事仿佛就是我的故事。曾经，我以严苛的方式对待我的孩子，使用的方法是吼叫、威胁、恐吓，学习高于一切，分数大于天，题目不会就是笨，做错题目，仿佛孩子整个人都是错的。女儿在我的养育方式下，变得自卑胆小，敏感脆弱，走路都是佝偻着背。

刘老师的文章为我指明了方向，我找到了问题背后的答案。问题本身不是问题，孩子的问题是过去的问题，是父母的问题。当“问题”来临之时，我开始尝试内观自己的情绪，观察情绪背后的真相，厘清情绪的根源。在一次次内观中，我看清自己，疗愈自己，焦虑变少了，平静变多了，我看到了孩子“问题”背后的需求，那就是孩子在寻求爱。一个拥抱，一句共情的话语，就可以给孩子力量，而不是像过去那样跟孩子争对错、讲道理，否定孩子。孩子带着满足，开始绽放生命的光彩，现在孩子背部佝偻的状态明显好转，她站在舞台上就是一副自信、挺拔的状态。

感恩刘老师的文章，它是我生命的导航；感恩我的孩子，她以牺牲自己的方式来唤醒我心中的爱。透过孩子，我找回了自己，疗愈了自己。刘老师在文中说：“孩子的成长，是站在妈妈的肩膀上的。”我的孩子说：“妈妈，你是我成功路上的堡垒！”很幸运，在孩子成长的路上，我及时刹车，改变自己，托起孩子，而不是以自己的“对”、自己的“优秀”，把孩子踩在脚底。

感恩刘老师的文章！

张小朵　三年级学生家长

读《活在柴米油盐的日子里》有感

我认识刘朝霞老师，是从她的先生贾玉文老师说起她开始的。一开始知道她从生意人转变成家庭主妇，我认为这是她的悲剧，但是她简书上的文章让我知道了，这是一位伟大的母亲的成长史，是一个家庭的改变史，一个家族的幸福史。

当读到《活在柴米油盐的日子里》这篇时，我不禁泪流满面。曾经的我不屑柴米油盐，不甘心平淡，有一颗傲慢心，吃饭对我来说就是麻烦，耽误时间。结婚前，爸爸妈妈时常不在家，都是妹妹做饭，我从来不做，觉得耽误时间，有这时间去外面玩多好。我活在自我中，心中没有家人。

结婚后也是先生负责做饭，我一个人在家也从来不做。有了孩子就在妈妈家吃住，直到孩子上小学。回家住后，女儿和儿子中午都在学校吃。晚餐在楼下的菜场，随便买买就行了。这样到女儿上大学，儿子上小学四年级，问儿子学校饭好吃吗？他说好吃。别的家长都反映孩子说不好吃、不愿吃，我还暗暗高兴：还是我儿子懂事，体谅妈妈。现在想想，当时的心都放哪里了？在玩、打扮。心都住在外面，回到家就只有躯壳，为什么会这样呢？难道我天生就是没有责任感的人，我把快乐建立在别人身上。别人就应该对我好，先生就应该宠我，我的孩子学习就应该好，有一点达不到我的要求，我就会抱怨。只有外面的世界能让我找到短暂的快乐，活在灯红酒绿的世界里，柴米油盐让我找不到快乐。

让我彻底反省过来的，是2022年9月底的一场车祸。晚上驾车去高铁站接女儿，斑马线上碰到两个人并排一起走，由于我的疏忽，撞了两个行人，一个大腿摔断，一个脾破裂，当时我六神无主，一切安顿好已是凌晨。回到家先生安慰没出大事就好，但我根本无法平静。早上又去医院找最好医生给她们治，但是医生看到我后说："你甲状腺查过吗?"我说没有，没事。这时候我哪有心情关心自己！医生坚持让我先关心关心自己，做了B超检查。结果一出来，不好，必须立即住院开刀。我非常吃惊，如果不是车祸，我不会去医院。因为接近更年期，身体有点燥热，我以为正常，老天厚待我，告诉我不仅身体生病了，心也生病了。

感恩刘老师用自己的亲身经历写出这些文章，她在自救也在救赎别人，让我在人生过半的旅途中重新校正，找到爱自己，爱孩子，爱家庭的方法，我用爱在柴米油盐中给家人做每一顿饭，去感受内心的富足、美好。现在儿子上初中了，每次回家都念叨学校菜不好吃，要吃妈妈做的炒芹菜，炒虾仁，烧排骨……儿子的需求，让我感受到被需要，感受到爱与快乐！正如刘老师在这篇结束中写的："让幸福的美好，从经营柴米油盐开始。"

感恩刘朝霞老师，贾玉文老师，以及贾成坤"坤哥"对我们全家的爱，我爱你们！

张勤　学生家长

谢谢你的爱，你是我的宝贝

2021年元旦，我在西安遇见了刘朝霞老师。朴实无华、眼神坚毅，她给我留下了深刻的、美好的第一印象。读她简书上的文章，感觉是一位暖心姐姐，讲述着自己家的故事，有痛苦、有迷茫、有幸福、有快乐。她爱人常年研学授课在外，家有高龄长辈，叛逆期的儿子求学走读……一位在社会大舞台上有着自己的一片天地，可以充分体现自我人生价值的女性，毅然给自己按下了事业暂停键，回归家庭。全职妈妈、陪读妈妈、孝道媳妇，多重角色转换，独自挑大梁，承担大后方。迷茫困惑找寻，默默坚守坚持，这是一场自我革命，是一个重建生命、涅槃自我的人生选择。

我家乡有老话："宁舍为官的爹，不弃讨饭的娘。"人类缘起母系，社会发展依存女性，妈妈是一个家庭中的定海神针，妈妈是托起孩子自信的力量，妈妈是孩子的一盏指明心灯，妈妈是神奇的力量。刘老师以母性的柔韧和无条件给予的真情实爱，成就了一位不同成长期出现不同问题的自家宝贝，孩子被爱包围，被爱滋养，孩子是幸运的，家庭是幸福快乐的。陪伴孩子成长是一件漫长而艰辛劳累的工作，每每遇到问题，内心出现自我冲突时，她总是换位思考，反观自我，不时调整自我，改变自我认知模式，切换思维，与孩子同频、同心互动交流。新时代，不可以再用我们自认为的价值观来扼杀孩子的自我发展命脉，孩子原本纯净健康阳光，天性圆满自足，而现实生活中的我们大多父母，是以爱的名义绑架、约束、打压自己的孩子，本不富足幸福的家长还会不时传播焦虑和负面情绪，方法不对努力白费，孩子是生命种子，我们父母就是播种农夫，种下好的因，方得善的果。

刘老师的写纸条文字鼓励、信息互动、拥抱亲昵等小妙招，给予了孩子身体和精神上的强动力，是生命积极阳光生长的催化剂，耐心、爱心充分滋养到孩子的天性，孩子感受到了富足的爱，信心满满，能量满满，精气神十足。刘老师对待长辈的孝道、负责，对爱人工作的理解支持，对求助家庭的大爱助力，以实际行动影响、引领着自己的孩子，潜移默化地植入了中华民族的伟大文化基因。这样成长的孩子，内心强大，心灵有归属感，学习自控力强。这样带大的孩子，无论是学习上遇到困难，还是生活中遭遇挫折，他们都可以勇敢积极面对，主动去寻找解决问题的途径。生活中的小事情，刘老师善捕捉，勤思考，易觉察，不时纠正、修复自我，归纳、整理、践行自我。为人父母，是一份责任，承载着孩子的未来和希望，父母给予孩子的爱是力量、是生命的动力源，无条件的爱在滋养孩子的一生；孩子是我们的一面镜子，也是自己的影子，照见你我，找见自己，成就和谐家庭。

由于工作的性质，疫情防控期深入居民小区走家入户，我了解到了无数家庭，在迷茫状态中负重前行，对生活、经济压力的无奈，因为孩子沉迷手机游戏、学习无动力而焦虑失眠，夫妻在陪伴教育子女问题上不同频，家庭角色错位、越位、爱缺失……这样家庭的孩子们，情绪低落、思维涣散、专注力弱，无安全感。

刘老师的文章，一定能够让更多的家庭照见自我，让更多的父母努力成长自己，绽放自己，让心回家。接纳孩子的所有，聆听孩子的心声，不再用言语说教孩子，而是用行动去影响孩子，积极主动营造和谐家庭环境，相信美好，遇见美好，越来越好。

刘老师是一面幸福的镜子，是一个坚持坚守、蜕变自我的勇敢妈妈，希望更多的家庭遇见刘老师，遇见她的文章这样的家庭教育宝典，以生命影响生命，在育儿路上不再迷失方向，在现实生活中不再困惑纠结，夫妻同心同德，一家人相互陪伴滋养你我，过上安详好日子。

谢谢你的爱，你是我的宝贝！你是我的福星！愿家庭和睦，子女富贵。

王守全　社区工作者

读《我的孩子不容易》有感

周末，恰逢期末考试，我家这个“小妖精”在家蹿蹿跳跳、磨磨蹭蹭，就不想好好写作业，能拖多久就拖多久。写了会儿试卷，就说实在太累了，要出去透透气。结果，这气一透透了三小时，真是好气又好笑。我看着干着急，心想：这人，真是烦人，马上就要上阵了，还这副模样，真想揍上一顿。想归想，实际我也知道，她在烦，烦最近试卷太多。她烦我也烦。

“我的孩子无论好与坏，都是我家的宝贝，是我们家庭的希望、家族的未来。”想起文中这句话，我出去围绕小区走了一圈。时值期末，科技、劳技、音乐、美术、计算机等课程都结束了，一个小学四年级的孩子，上学不是写试卷就是听老师讲试卷，孩子感到了厌倦，所以烦。女儿脸上写满了上学的乏味。

这个时代的孩子充满个性和自我，有着高度的精神需求。不像我们小时候，我们刚刚实现物质脱贫，没有多少精力顾及精神脱贫，只知道要好好学习，老师怎么安排就怎么来。时代在更迭，社会在发展，我们的孩子也在变。孩子需要的引导方式，也发生了翻天覆地的变化，我也曾在做妈妈的路上，受困多年。

耳边回响起：“受了受了，受了才能了。只有温柔平静的父母，才可以托起孩子的负面情绪。”我都受了两年了，不能前功尽弃。

期末陪伴孩子着实不容易，我有情绪，女儿也有情绪，马上要期末考试了，其实，小家伙也是想考好的。就冲这一点，我就一定要做好妈妈的角色，给她支持。于是耐下心性，陪着女儿，看着她，欣赏她，陪她磨磨蹭蹭，陪她疯疯癫癫。甚至在她很难受的时候，我跳起猩猩之舞，并大声对她表白："我女儿真棒！我女儿真好看！我好喜欢我女儿！"她看着我的样子，也是又惊又喜，烦躁、抗拒学习的情绪就少了一半。我自己的情绪也得到了释放。

这一天，在女儿情绪难受，我也难受的时候，我就大声夸赞她，刚开始我也别扭，说着说着，她越来越开心，我也越来越开心，越来越觉得我的女儿可爱。我发现，其实只要我做好欣赏她、赞美她的母亲的角色，她就可以很开心，就能有主观动力去做题目。就如同文中所说，"不是孩子好的时候需要父母，而是孩子不好的时候需要父母"。

昨天晚上，我喊女儿洗澡，叫了几声，不应，原来女儿是跟爷爷拌嘴了。作业写完已经八点了，我们约定好玩二十分钟游戏就洗澡，但是爷爷奶奶不知道这事情。看着女儿在玩手机，就开始催促。女儿被催烦了，跟爷爷顶嘴，说爷爷烦，于是躲到了房间，爷爷又去敲门。后来我叫了女儿洗澡，给她洗头护发。她跟我说了情况，期间，我反问她："你是不是又没有搭理爷爷？"她理亏又气，本来想跟我诉苦，结果被我反驳了回去。于是跟我说："不跟你说！你说我生闷气不说话！跟你说你又这样，早知道不跟你说了！哼！"我立马觉察，哟，有进步，知道要跟妈妈表达情绪了，我得庆幸！于是，立马转念："哦哦哦，对不起，我错了，我错了，来来来，我来给你洗洗头发，护理一下。"一边安抚，一边洗。

"怎么样，老板感觉如何？"

“嗯，不错。”

“现在‘618’有充值活动，充一百，送二十。怎么样？老板充个卡吧。”

“嗯，那我充三百，这样可以送六十。”

哈哈哈……在我的哄逗中，女儿开心地洗完了澡。

回想洗澡的时候女儿跟我说：“妈妈你是不是很久没上刘朝霞老师的课了？”我很诧异，明明上周六才上的课嘛！但是转念一想：“我错了，我错了，对对对，你说的是。”

洗完澡，女儿情绪已经没有了。我却被女儿教育了一番。这次，我心甘情愿，我看到了自己原来都是高高在上的姿态，所以女儿不愿意跟我解释，不愿意跟我继续沟通，继续表达。是她“教育”了我一番，我才看见，女儿其实也挺不容易的。

家里三代同堂，爷爷奶奶隔代亲的爱，爸爸妈妈深切关怀的爱，给的太多，孩子“吃不完”这么多爱。有时候，这些爱，堆在一起，还会有副作用。

我以前，总觉得婆婆唠叨，让人烦，排斥公公婆婆，所以不愿意让女儿接收他们的爱。这种排斥被女儿感觉到了，所以她现在也会跟爷爷奶奶顶嘴。我因为有情绪，所以看不到唠叨背后的爱。我知道，我错了，我没有做好榜样。万幸，我现在看得到了。

有时候，我们给她的爱，还带有各种条件，你要考多少分，然后我带你去吃好吃的，等等。原来，我们以为很爱她，却给她带去了负担、焦虑。我在心里默默感恩，祝福。吹完头发，准备睡觉，女儿说数学试卷还有两道题没写，我说睡觉吧。女儿又说：“数学还有两道题目，我不会，妈妈，你教我一下，我还是写完吧！”我说好。不要求她的时候，她自己反而有要求了。

其实，孩子要的也不多，只要我给她无条件的爱、全身心的陪伴，她就可以做回自己。

此刻，我好感动，我正在慢慢践行无条件的爱，放下手机，全身心的陪伴。原来，是我没有做回妈妈，所以我的女儿没有办法做回孩子。

以前，我只看到我自己不容易，却不知道，我的孩子真的也挺不容易。

颜萍　学生家长

借由光的世界

“这是我的故事，也是你的故事”，读完刘朝霞老师简书上的文章，我的内心深深地认同这句话。

至今仍然记得，第一次接触到刘老师的感觉，那是我长这么大，从未对他人有过的感觉，我无法用言语表达我当时内心的触动，我只记得，她开始让我内心没那么害怕，开始启迪我的内心世界，开始引发我思考……我开始琢磨，原来，人还可以活成这样；原来，妈妈是这样一种味道。

不得不提的是，当我得知刘朝霞老师放弃了红火的生意，回归家庭，回家带孩子，那一刻，我就关注她了。因为，我同样面临这个困惑，两个年龄相仿的男孩，每天喊“妈妈，妈妈”，面对工作和孩子对妈妈的渴望，面对一年有三百天在各地奔波工作的爱人，我恨不得长出三头六臂，母爱的本能和传统相夫教子的理念，让我觉得要暂时停止工作，给孩子六岁前足足的爱与教育。可是另一个社会化的我，一次次充满恐惧地拒绝：怎么可以放弃工作？怎么可以做一个经济不独立的女人？怎么可以上了那么多年学，最终回家带孩子做饭？万一我与社会脱节了呢？万一夫妻不在同一精神层面……就这样，这个决定，我迟迟不敢做，每一天，我都在纠结。

直到遇到老师，她就像一股勇气，一股力量，引导我，默默地告诉我：你看，我不是在停止工作中成就并蜕变了吗？你是安全的，你是对的，相信内心，相信母爱的力量。

于是，我开始勇敢地暂时停止工作，回归家庭。起初，内心的世界就和刘老师文章中描述的一模一样，也正因为如此，让我对刘老师的文章有了更深的信任。

在带孩子的过程中，我拥有两个孩子的妈妈、妻子、儿媳妇、女儿等多种角色，似乎每一种角色都需要全力以赴，但似乎对每一种角色，我都无能为力、身心疲惫。无奈之下，我开始学习育儿，读了很多书，听了很多课，最终惨痛的教训告诉我：没有和谐的家庭关系，任何育儿理念都无法落地。在此过程中，幼小的孩子，承载了家庭所有成员的负面情绪和压力，没有安全感、稳定感的孩子，自然也无法安心学习，于是我开始任由自己心性尝试各种方法，有一次气急，把他书扔掉，他自己捡起来，很镇定、很严肃地跟我说："总有一天，我会彻底不学习，因为这是您逼我学的。"听到这句话，我的世界彻底坍塌了，我回到屋里，用被子蒙住头，哭了很久很久，痛定思痛，我开始思考，到底什么是教育？到底如何才能将各种教育方法、教育理念落实在家里？到底怎么才能从知道到真正做到……

起初，我从中读的是故事，是被认同、被理解、被看见的感觉，是与一位懂我的知心朋友聊天的感觉，有哭有笑有思考。

后来，当我内心不舒服，遇到育儿难题，遇到家庭内部关系冲突，我开始尝试像文章中那样去觉察，可是发现不会，做不到，找不到感觉，于是我对照文章列表，找类似篇幅，开始读，读的过程中，我感觉我的心被触动，心在感动，就这样，我的感知能力被一点一点唤醒，犹如过去的压水井，借助一瓢水，引出内心深处本有的大海。

再后来，我面临如何化解被我觉察到的内心情绪的问题。刚刚走进内心世界的我，没有相应的知识支撑。于是我再读，从中找到了与“心”聊天的技巧和方法，自己亲自感知，怎么说，怎么聊，内心的自己能够认可并作出改变。可是聊着，我又开始面对新的问题，我发现我没有勇气面对我的错误、失误、内心的阴影，情绪还在，道理上知道自己错了，可心里还不服气，不愿意低头。此时，我再次点开文章，这一次，我读到了反思的力量，读到了把阴影放入阳光下的勇气和担当。当我开始这么做时，我的内心世界，开始一点一点变得轻松起来，明朗起来。

后来的几年，这些文章成了我育儿和处理自己关系、家庭关系的指导，它的精神内涵、处理问题的思路和见解、内心的清静与智慧，无形中成了我无处不在的老师。

再后来，当我再次阅读，我开始明白从生活中一点一滴的小事着手，认真对待，用心活着，脚踏实地。我才真正开始触摸到“教育即生活，生活即教育”这句话的伟大和真谛。

现在，我发现它成了我的“工具书”，检索内心世界的“工具书”，安慰引导朋友的“工具书”，寻找安定坦然的“工具书”……当然，我相信，每一位读者点开这些文章，都会引申出不同的世界，不同的感悟，这是一趟值得一走的内心世界探险之游，你会发现，我们的心里，藏着整个宇宙，无比奇妙，又无比安详，你中有我，我中有你，你就是我，我就是你，我们都是爱。而在这种敞亮、安详、平等的爱中，生命就在愉悦地绽放他本有的生命力，就在实现“用生命影响生命”的伟大奇迹。

无爱不教育，这些文章帮助我发现爱，感知爱，回归爱，成为爱，奉献爱，帮助我践行无条件地爱我们的孩子，圆融与自己、与家庭、与社会的关系，帮助我学会如何引领孩子实现他生命的抱负、圆融他生命的关系。

感恩刘朝霞老师，感恩她的文章，感恩这一切对我以及我家庭生活带来的帮助。祝福每一位看到这些文章的人，都能找到那个富足幸福的自己。

刘永梅 学生家长

把“妈妈”唤回来

看到刘朝霞老师的文章，很惊喜。这么细腻又真实的妈妈！原来，世界上还有一个和我一样被孩子“折磨”的妈妈。

我是两个孩子的妈妈。姐姐初二、弟弟四年级，一个处在青春期的顶峰，一个处在青春期的上坡路上，可以说，我经常处在为什么、凭什么、怎么这样这些自我怀疑、不知所措的状态中。孩子仿佛一眨眼进入我不知道如何适应的状态，我不会当他们的妈妈了。姐姐顶撞、争辩、情绪变化得异常猛烈，我不知所措，几次崩溃大哭。弟弟调皮、惹事、被各科老师投诉，学习上更是几次三番被老师叫家长。

我被作业搞得歇斯底里，家里老人不配合，老公不理解，我委屈、悲伤、愤怒、抱怨，我也要上班，而且我都已经这么努力、这么用功了，怎么结果还是这样？凭什么你们说孩子不优秀都怪我？家里气氛紧张，每次辅导作业到深夜，状态还是没有改变，我身心俱疲。眼里看到的都是孩子的问题，老人的问题，老公的问题，唯有我自己没有问题。

看着老师的文章，每个场景都有共鸣，脑中很有画面感，每次都有很强的代入感。老师引导我们看到每个问题行为背后的动机，孩子在用行为提醒我们对待他的方式是错误的，我们看不见孩子，看到的只是孩子身上的问题、缺点，而这些问题、缺点都是最亲的妈妈给孩子贴的标签。我们有自己的“好孩子”标准尺，无时无刻不丈量着孩子，每次对孩子说，你不要……你要……把问题和孩子混为一谈，眼中看到的全是“大”问题，不接受、不接纳孩子。却不知，自己早已把妈妈的身份弄丢了，我成了一个高高在上、肆意抓取、想要控制的“女王”，认为不服从管教的孩子就是“坏孩子”，完完全全忘记了自己和孩子在一起的时候是妈妈。孩子首先是个孩子，其次才是学生，做不了孩子，谈何去做学生，我用优秀、用应该去定义孩子，我看不见我的孩子本身。好比一扇门，明明从里面打开才是接纳，我非要爬门、推门，我找不到钥匙。

直到遇到刘老师的文章，我慢慢地看、慢慢地品，恍然大悟，原来孩子是我们的一面镜子，孩子是我们的贵人，刘老师用自己和孩子的亲身经历告诉我，无条件地爱孩子、接纳孩子，自己与自己的身份（自己、妈妈、妻子、女儿、儿媳）合一了，孩子也就合一了。

我放下手机，全身心地陪伴孩子踢足球、逛街，不去反复提醒孩子作业做没做、复习没复习。这些不是妈妈做的事，我只做妈妈该做的事，不去用内心的恐惧、担心评判孩子的行为，努力地寻找孩子这个行为背后的意义。刘老师唤醒我的改变，我感觉我找到了那个钥匙，孩子也改变了，只管努力，不过多纠结结果，孩子的转变给我按了确认键。

诸事不顺，反求诸己。就如同刘老师文章中所说，学会内观、记录，不去追着问题解决，不被事情、问题绑架，看清真相，才能驾驭事情和问题。感谢刘老师的文章，让我懂得如何自己通过孩子的种种行为去看待自己。

一个个真实的亲子故事，就像一颗颗珍珠，被泪水、泥沙打磨着，但最终造就了一条闪着光的项链，温润着我和孩子，给我信心与人生的指引。

马丽娜　学生家长

代后记

自怀孕起，我就开始进行各种育儿学习，因为我害怕自己不会做妈妈。可是，儿子上小学后，我依然控制不住自己的情绪，常对他吼叫、打骂。此时，我多么希望爱人来调和一下气氛，但事与愿违，他一直都是添油加醋的。我做不到耐心引导儿子；指望爱人时，他却站在我这边，把孩子的问题放大，并要求立即改正。我们也时常因育儿观念的分歧而争吵。我看他也越来越不对眼，产生的情绪像洪水一样漫延，他的话再有道理我也听不进去，他安排做的事我也不情愿干。朋友曾夸赞他有“治大国如烹小鲜”的格局和生活态度，都羡慕我有个顾家的丈夫。那些年，我看不见爱人的智慧，只想他帮衬我教育好孩子，可他却和我联手为孩子打造了一个让其恐惧的环境，给孩子留下了童年创伤。我们迷茫着，但庆幸的是，我们始终保持成长的渴望，支持彼此学习家庭教育。

多年来，我们学过好几位名师的课程，至今还有缴了学费未去上的课。时间冲淡了学习激情，是因为学了那么多，却依然不能淡定地面对孩子写作业，面对家庭问题。我感慨地认为，世界上最远的距离，的确是从知道到做到。

直到遇见刘朝霞老师，我才定下心来，重新审视自己。

初读老师分享在简书上的文字，我并没有太多感受，只是客气地在上面点个赞。当年她说写了二十多万字了，我迎合上夸张的佩服表情后，还是未用心品读。可能我没有意识到自己需要像她那样做，也可能当时遇到的育儿问题还在我的可控范围内。

真正仰慕刘老师，是受到张家港陈爱锋老师的邀请，去参加了刘老师的线下讲座。我带着苏州闺蜜团去了张家港，大家都觉得课程的体验感很强，很走心。之后，我们又结伴去参加过几次。越了解，越佩服！我很佩服刘老师扛住压力独自在家陪读，佩服她善于化解中学儿子的叛逆问题。在陪伴孩子备考大学之余，她还搭建了父母课堂，每周六晚上组织父母们学习成长，她正能量的妈妈形象，给了我榜样的力量。因此，我默默地盘算着，待刘老师陪读成功，我就邀请她到苏州讲课，为我的学习成长创造便利。我得到爱人的支持，照搬刘老师的做法，搭建民间妈妈学习团队——牵手万家·父母学堂，一个供妈妈们心灵归属的家，家人们亲切地叫我爱人袁校长。

2021 年 4 月 5 日，我们首次邀请刘老师来苏州开展了一天线下课，自此之后，课程从未间断过。同年夏天，再次接触到刘老师发布在简书上的文字，单单名称“从锅台到舞台”就抓住了我的心，一个普通的妈妈从锅台走上了舞台，她做到了。对我来讲，如何成为会烹饪又会讲课的妈妈，是值得挑战的。

翻开书稿，便被刘老师的爱人贾玉文老师写的序所感动，我拿着就舍不得放下。继续读内容，发现原来平凡中正在演绎着精彩。后来，我常常被群里和直播间来自全国各地的妈妈们分享的感悟，感动得泪流满面。

刘老师建议大家写读后感，把她写的故事当作镜子，照见自己。我听话照做了。从 2021 年 8 月 15 日开始，我每天写，每天分享，终于体会到老师说的“越分享越享受”。过程中，也多次有过放弃的想法，但都克服了。为了感谢老师，我想把读后感做成“书”，回馈给她，更想赠送给她的儿子、本书的“孩子”贾成坤，感谢他在中学时期向妈妈表达自己、唤醒妈妈，提供了书籍四十多万字的素材。最终，我把连续写了 120 天的读后感，做成了一本精美的“书”，在苏州线下课堂上，作为新年礼物送给了老师，老师非常感动。

线上分享配合线下学习，我感受到有不少人比我成长得快。对此，我并不嫉妒，反而很有成就感。我知道自己因组织活动而分心，也清楚自己在依赖刘老师，不想成长。

2022 年年底的最后一次线下课上，刘老师请大家写出 2023 新年愿望，并匿名装进气球里。气球在欢快的“砰砰”声中爆破，学长们一下就猜出“出书”是我的愿望。无锡的范春英学长的愿望是想请刘老师带着大家重修这套书。于是，我们首先建立了“家读汇”线上读书会。

在分享每一个篇章前，我都先修改了错别字，再发到群里，为出书做准备。改了十余篇后，我突然发现我不是把书稿改了，而是把自己改了。改文字的时候，我更定、静，仿佛与老师同频共振了，想象着与孩子斗智斗勇的场景，也反思曾经对孩子的傲慢与不耐烦。这个发现，让我欣喜不已。

与此同时，非常感恩苏州市吴中区独墅湖实验小学的毛建青校长，聘我为他们学校的家庭教育指导师，为我的学习成长按下了确认键，给我注入了自信。这标志着我们这些普普通通、平平凡凡的妈妈们，开始被认可、被需要，开始散发光热。

照顾好自己的家，培养好自己的孩子，影响、帮助身边的人，也是爱国。我们感觉自己很有价值！

于是，我们再次动了出书的念头。希望更多的人通过这套书找到自己，拥有和谐亲子关系、夫妻关系、家庭关系，幸福生活。

随后，我们苏州牵手万家·父母学堂团队组织了书稿修改小组，李佳嘉、颜萍、马丽娜、张小朵、王丹和我重新梳理老师的书稿。因为，我们六个人比较了解老师的用语习惯，可以保护书的“原生态”。李佳嘉将工作群名取为“缘起书州”，非常贴近我们的经历。

大家改着改着，又哭了，每个人依然在感叹书里写的就是自己，也感叹怎么就想不到像刘老师这样对孩子说、做，就可以避免伤害孩子、伤害自己。她们还有一个点与我一样，就是对书稿中的错别字和语句不通有嫌弃感。确实，这几位的文字功底都比老师强。但嫌弃一秒后，就承认自己写不出这样走心的话语。此刻，我们终于明白，教育不是用一个错别字指向孩子的缺点，毁灭绽放的生命，而是要把劣势转化成优势，成就幸福人生。

因修改书稿，我个人成长得很快，终于能看见问题的背后，能引领孩子跳出问题。这让我更坚定了出书的想法，我相信这套书，一定能帮到很多迷茫的妈妈，一定能引领孩子成长，能让千家万户更加幸福！

越改越激动，越改越感动！

曾经内心埋怨的那份草率，如今却很感恩它，否则哪能轮到如此普通的我来安排出版事宜！这是自我成长的机会，我真的很感恩！

这套书的出版，得到很多人的关心与支持。出版行业的前辈，作家贺秀红老师，她帮助我们联系北京的出版社，并建议我来写书的后记。同时，江苏海融教育管理科技有限公司的负责人赵猛、宋露，也积极帮我们对接出版社。最终，考虑到后期我们妈妈团队的便利，就选择了本土的苏州大学出版社。

确定出版后，作者刘朝霞老师特别开心，原本她没有时间看原书稿，已全权交给“缘起书州”修改，却叫我把初改好的第一本发给她，她要把这几年的升华部分补充进去。她决定浓缩中册和下册的精华为第二本，并将近年写下的《穿越五十年》整理为第三本，这一本有治愈童年创伤的内容，我很期待。

和老师在一起，总有奇妙的感觉。我怎么在做家庭教育？我居然如此快乐！我也常常好奇地问老师，是不是读了某某心理学专家的书，所以知道这样做！她次次都回答没读过。我逐渐意识到，老师近年来一直在读自己的文章，她说读懂了自己，就能读懂所有人，因为每个人都有相似之处。在老师的陪伴下，我逐渐敞开，勇敢去读自己。

我很疑惑，我这样一个大家认为的积极阳光的人，为什么常常对孩子、对爱人、对家人发火？直到开始读自己这本书，我才发现，掩藏在内心深处的委屈、压抑、恐惧、焦虑等情绪，这些从原生家庭一路带来的情绪，在控制着、纠缠着我。我恍然大悟，一个人读懂自己这本书是多么的重要。

了解自己，才能够引领孩子，才能够经营幸福和睦的家庭，才能传承家风。“修身，齐家，治国，平天下”，我终于明白其中的内涵。我悄悄泪流满面地反思过往的任性，之后，如释重负，身体的紧绷感渐弱，笑得更灿烂了。

通过学习，修正自己，我能看懂孩子，接纳、包容、滋养爱人。我们夫妻成为彼此的精神伴侣，创造了平稳的家庭氛围，给孩子们安全的成长空间！

毛校长在写给我孩子们的信中说："特别羡慕你们，拥有着用爱环绕、被爱包围的幸福之家。"每每想到，我都想落泪！我庆幸自己坚持学习成长，才能够接纳曾经的自己，才停止投射情绪到爱人和婆婆身上，才未继续迁怒孩子，才创造了幸福之家。

我深深地相信，妈妈活出来的样子，是孩子"最奢侈的学区房"。

愿成千上万的妈妈，绽放自己，笑对孩子。

妈妈们，绽放自己，就是给予孩子的最好风景。

唐娇

苏州牵手万家·父母学堂创始人　学生家长

2023 年 7 月 13 日